Birgit Lascho

Das schnelle METHODEN 1x1 DaZ

mit Arbeitsmaterialien

Cornelsen

Die Autorin des Bandes

Birgit Lascho studierte die Fächer Deutsch, Geschichte und Englisch. Sie verfügt über mehrjährige Unterrichtserfahrung an den Schulformen Gymnasium, Berufsschule sowie Gesamtschule und ist Autorin zahlreicher Unterrichtsmaterialien.

Projektleitung: Amira Sarkiss, Berlin
Redaktion: Doreen Wilke, Berlin
Umschlagkonzept: Julia Walch, Bad Soden
Umschlaggestaltung: Lemme Design, Berlin
Illustrationen: Dorina Tessmann, Berlin
Layout / technische Umsetzung: fotosatz griesheim GmbH

www.cornelsen.de

1. Auflage 2017

Druck: AZ Druck und Datentechnik GmbH, Kempten

ISBN 978-3-589-15301-5

Für den Deutsch-als-Zweitsprache-Unterricht, abgekürzt DaZ, gibt es inzwischen eine Vielzahl an Methoden, auf die Lehrkräfte zurückgreifen können. Deshalb mussten bei der Auswahl der Methoden, die in diesem Band berücksichtigt werden, zwangsläufig Schwerpunkte gesetzt werden. Bedeutsam bei der Auswahl waren vor allem die Konzentration auf Unterrichtsinhalte aus den Bereichen Textverständnis, Wortschatz und Grammatik, die Lernenden mit DaZ besondere Probleme bereiten, und die Effektivität und Praxistauglichkeit. Mit letzterer ist nicht nur gemeint, dass sich die ausgewählten Methoden einfach und schnell im Unterricht umsetzen lassen, sondern vor allem auch, dass sie funktional auf ein klares Unterrichtsziel des DaZ-Unterrichtes ausgerichtet sind und sich zum Erreichen dieses Zieles als effektiv erwiesen haben. Denn eine Unterrichtsmethode kann nur dann funktional und gewinnbringend sein, wenn sie zum zu vermittelnden Unterrichtsinhalt passt.

Deshalb werden im vorliegenden Band die verschiedenen Einsatzbereiche für die ausgewählten Methoden nicht nur theoretisch beschrieben, sondern es wird auch durch das Angebot von erprobten Unterrichtsmaterialien exemplarisch aufgezeigt, wie diese Methoden konkret im DaZ-Unterricht zum Erreichen bestimmter Lerninhalte eingesetzt werden können. Aus der unterrichtspraktischen Durchführung gewonnene Einsichten werden zudem als Tipps dargeboten. Sie beschreiben mögliche Stolpersteine beim Einsatz der Methoden und zeigen Möglichkeiten auf, wie diese umgangen werden können. Auf diese Weise erleichtern die Tipps den Lehrkräften die Umsetzung der Methoden – denn oft sind es gerade solche Kleinigkeiten, die die erfolgreiche und reibungslose Durchführung verhindern. Schließlich werden bei einigen Methoden auch Varianten beschrieben, um alternative Vorgehensweisen aufzuzeigen.

Wir hoffen, dass die vorliegende Zusammenstellung von Methoden Ihnen brauchbare Impulse und Anregungen für einen effektiven, schüleraktivierenden und abwechslungsreichen DaZ-Unterricht gibt, der Lernenden mit DaZ eine tatkräftige Unterstützung beim Erlernen der deutschen Sprache bietet.

Birgit Lascho

Hinweis: Sie können die Materialseiten auf dem Kopierer auf 141 % vergrößern, um eine DIN-A4-Seite zu erhalten.

→ Begriffsbrainstorming

Ziele der Methode
- vorbereitende Sicherung des Textverständnisses
- Aktivierung und Vertiefung des Wortschatzes zu einem bestimmten Thema, um das es in einem oder mehreren darauffolgenden Texten geht

Einsatzmöglichkeiten
als Vorbereitung auf die Lektüre von Sachtexten oder literarischen Texten zu einem bestimmten Thema wie zum Beispiel „Mediennutzung von Jugendlichen" oder Gedichten zum Thema „Herbst" oder „Draußen in der Natur"

Material
- Tafel oder Overheadfolie

Vorbereitung
Die Lehrkraft überlegt sich eine aussagekräftige und eindeutige Formulierung zum in dem Text / den Texten vorkommenden Thema.

Sozialform(en)
Einzel-, Partner-, Gruppenarbeit und Klassenverband

Stufe
Sek. I und II

Beschreibung
Diese Methode stellt eine sogenannte Pre-Reading-Activity dar und soll die Lernenden auf das Verständnis von Begriffen vorbereiten, die in einem Text vorkommen, der anschließend gelesen werden soll. Die Lehrkraft fordert die Lernenden auf, alle ihnen bekannten Begriffe mit Artikel zu einem bestimmten Thema zu notieren, die ihnen spontan einfallen. Dazu schreibt sie das Thema an die Tafel oder auf eine Overheadfolie, zieht einen Kreis darum und trägt den Lernenden auf, die Begriffe, die ihnen dazu einfallen, an Ästen um den Kreis herum aufzuschreiben. Das Sammeln der Begriffe an der Tafel oder auf einer Overheadfolie kann im Klassenverband erfolgen. Es ist jedoch oft auch ertragreich, dem Sammeln der Begriffe im Klassenverband eine fünf- oder zehnminütige nicht frontale Arbeitsphase vorzuschalten, in der die Lernenden in Einzel-, Partner- oder Gruppenarbeit Begriffe zusammentragen, bevor diese im Klassenverband gesammelt und besprochen werden. Derjenige, der den Begriff nennt, muss stets auch erklären, was er bedeutet. Durch die Bildung von

leistungsheterogenen Paaren oder Gruppen bei Partner- oder Gruppenarbeit können leistungsschwächere Lernende gefördert werden.

Tipps

- Beim Auswählen des Themas muss die Lehrkraft unbedingt darauf achten, dass das Thema aussagekräftig und ergiebig genug ist, sodass die Lernenden eine Menge von assoziativen Begriffen dazu zusammentragen können. Außerdem muss ein Bezug des Themas zum Lebensalltag der Lernenden gegeben sein.
- Bei der Formulierung des Themas sollte die Lehrkraft zudem unbedingt darauf achten, dass es eindeutig durch ein Wort oder eine Wortgruppe umschrieben wird.
- Um das Sammeln im Klassenverband schülerzentrierter zu gestalten, kann die Lehrkraft dies in Form einer Meldekette erfolgen lassen, bei der sich die Lernenden gegenseitig selbst aufrufen. Dabei können die Lernenden, je nachdem wie schwer die Schreibung der Begriffe zum Thema ist, die Begriffe auch selbst an der Tafel oder auf einer Overheadfolie notieren.

Varianten

- Alternativ kann das Sammeln der Begriffe in den älteren Jahrgangsstufen der Sekundarstufe auch in Form einer Mindmap erfolgen, bei der die Begriffe inhaltlich strukturiert festgehalten werden.

Kopiervorlage

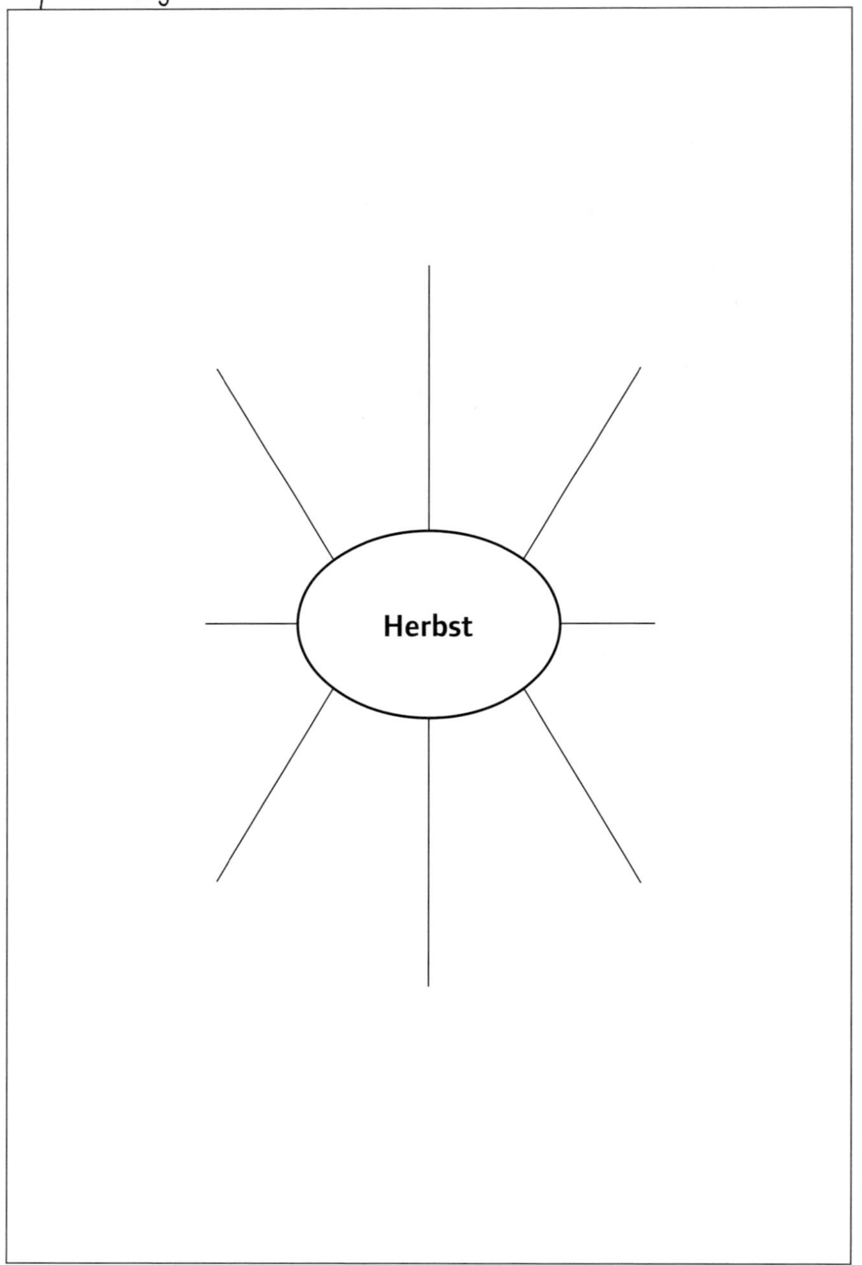

→ Begriffe Abbildungen zuordnen

Ziele der Methode

- vorbereitende Sicherung des Textverständnisses
- Aktivierung und Vertiefung des Wortschatzes zu einem bestimmten Thema, um das es in einem oder mehreren darauffolgenden Texten geht

Einsatzmöglichkeiten

als Vorbereitung auf die Lektüre von Sachtexten oder literarischen Texten zu einem bestimmten Thema wie zum Beispiel „Aufbauanleitung für ein Regal" oder Gedichten zum Thema „Frühjahr"

Material

- Arbeitsblatt mit Abbildung, auf der die im Text vorkommenden Gegenstände, Tiere, Pflanzen usw. zu sehen sind, mit Linien, an die die passenden in einem Kasten vorgegebenen Begriffe notiert werden sollen; optional Wörterbücher, Overheadfolie, Folienstift

Vorbereitung

Die Lehrkraft muss ein passendes Bild zum Thema heraussuchen oder zeichnen, auf ein Arbeitsblatt kopieren, Linien zum Notieren hinzufügen sowie die Begriffe dazu durcheinander in einem Kasten notieren.

Sozialform

Einzel-, Partner- und Gruppenarbeit

Stufe

Sek. I und II

Beschreibung

Diese Methode stellt eine sogenannte Pre-Reading-Activity dar und dient dazu, das Textverständnis von in einem Text vorkommenden Begriffen im Vorfeld zu entlasten. Die Lernenden bekommen von der Lehrkraft ein Arbeitsblatt mit einer Abbildung, auf der eine Fülle von zum Thema des Textes passenden Gegenständen, Personen usw. zu sehen ist, und einem Kasten, in dem die dazugehörigen Begriffe notiert sind. Indem die Lernenden nun die Aufgabe erhalten, die Begriffe entsprechend zuzuordnen, wird ihr Begriffsverständnis gefördert und gefestigt. Unbekannte Begriffe können dabei mittels des Ausschlussprinzips von bereits bekannten Begriffen ermittelt werden oder auch durch Wörterbucharbeit. Das Zuordnen kann dabei in Einzel-, Partner- oder Gruppenarbeit erfolgen, bei Partner- oder Gruppenarbeit können leistungsschwächere Lernende durch die

Bildung von leistungsheterogenen Paaren oder Gruppen gefördert werden. Nach den von den Lernenden vorgenommenen Zuordnungen werden die Ergebnisse im Klassenverband abgerufen. Dazu zieht die Lehrkraft die Abbildung am besten auf eine Overheadfolie, auf der die entsprechenden Begriffe dann mit Folienstift notiert werden können.

Tipps

- Bei der Abbildung ist es wichtig, dass die gezeigten Dinge leicht und eindeutig für die Lernenden zu erkennen sind.
- Um das Abrufen der Ergebnisse im Klassenverband schülerzentrierter zu gestalten, kann die Lehrkraft dies in Form einer Meldekette geschehen lassen, bei der sich die Lernenden gegenseitig selbst aufrufen.

Varianten

- Alternativ kann man statt eines Bildes auf einer Kopie auch Einzelbilder mit Gegenständen verwenden, denen die passenden Begriffe zuzuordnen sind. Ein solches Vorgehen kann zudem auch mittels Kärtchen erfolgen, die mit Magneten an der Tafel befestigt werden können. Letzteres wirkt gerade auf jüngere Lernende der Sekundarstufe I besonders motivierend.

Was es im Frühling gibt

Aufgabe:
Was ist wo abgebildet? Ordne die Begriffe samt Artikel aus dem Kasten entsprechend zu.

die Sonne, die Meise, das Vogelnest, das Junge, der Baum, der Ast, das Blatt, der Schmetterling, die Amsel, die Biene, der Kuckuck, das Gras, die Blume, die Blüte, die Osterglocke, das Gänseblümchen, das Eichhörnchen, der Busch

Birgit Lascho · Das schnelle Methoden 1x1 DaZ. Illustratorin: Dorina Tessmann

→ Bildimpuls

Ziele der Methode
- inhaltliche Einstimmung auf einen Text
- antizipieren, worum es in dem Text geht
- Aktivierung des Wortschatzes zu einem bestimmten Thema

Einsatzmöglichkeiten
Heranführung an einen literarischen Text oder Sachtext

Material
- Kopie, Overheadfolie oder Beamer

Vorbereitung
Die Lehrkraft sucht zu dem Text eine passende Bildvorlage.

Sozialform
Einzelarbeit

Stufe
Sek. I und II

Beschreibung
Mithilfe dieser Methode, einer sogenannten Pre-Reading-Activity, werden die Lernenden mittels einer zu einem Text passenden Abbildung, die den Lernenden auf Overheadfolie, mit einem Beamer, auf Kopie oder im Buch präsentiert wird, auf die Lektüre eines literarischen Textes oder Sachtextes vorbereitet. Die Abbildung kann zum Beispiel die in einem Text vorkommenden Handlungsträger, Gegenstände, eine Örtlichkeit oder eine bestimmte Situation zeigen. Zur Verdeutlichung von besonderen Handlungssituationen kann die Abbildung dabei auch Sprech- oder Gedankenblasen aufweisen. Die Lehrkraft fordert die Lernenden zunächst auf zu beschreiben, was sie sehen, und Vermutungen anzustellen, worum es inhaltlich in einem zu dem Bild passenden Text gehen könnte. Auf diese Weise werden die Lernenden zum Nachdenken animiert, auf den Inhalt des Textes eingestimmt und zur Lektüre motiviert. Dabei aktivieren sie zudem ihren Wortschatz zum Thema.

Tipps

- Die auf der Abbildung dargestellten Personen, Gegenstände oder die gezeigte Situation müssen für die Lernenden auf Anhieb leicht erkennbar sein.
- Sprech- oder Gedankenblasen können dabei das Erkennen einer Situation erleichtern.
- Bei einer Darbietung auf Overheadfolie sollte die Lehrkraft auf eine ausreichend große Darstellung der gezeigten Personen oder Gegenstände achten, beim Einsatz von Sprech- oder Denkblasen auf eine ausreichend große Schrift.
- Falls den Lernenden die Begriffe für die gezeigten Gegenstände oder Personen mit hoher Wahrscheinlichkeit unbekannt sind, sollte die Lehrkraft sie mit den entsprechenden Begriffen versehen, damit die Lernenden benennen können, was sie sehen.
- Sofern die Lernenden mit der Methode des Stummen Impulses vertraut sind, kann die Lehrkraft ihnen die Abbildung präsentieren, ohne etwas zu sagen, und so die Darbietung schülerzentrierter gestalten

Kopiervorlage

Worum könnte es in einer Eulenspiegel-Geschichte zu diesem Bild gehen?

(Textgrundlage: Erich Kästner: Wie Eulenspiegel einem Esel das Lesen beibrachte.
In: Erich Kästner: Till Eulenspiegel. Cecilie Dressler Verlag, Hamburg 1991, S. 75-82.)

Birgit Lascho · Das schnelle Methoden 1x1 DaZ. Illustratorin: Dorina Tessmann

→ Redewendungen verbildlichten Redewendungen mit Bedeutung zuordnen

Ziel der Methode
- die Heranführung an in einem Text vorkommende Redewendungen und ihre Bedeutung

Einsatzmöglichkeiten
als Vorbereitung auf die Lektüre eines literarischen Textes, in dem die ausgewählten oder ein Teil der ausgewählten Redewendungen vorkommen, die sich bildlich darstellen lassen

Material
- Arbeitsblatt oder Overheadfolie mit Bildern von Redewendungen und dazugehörigen Bedeutungserklärungen

Vorbereitung
Die Lehrkraft muss die in dem Text vorkommenden Redewendungen und dazu passende Bilder heraussuchen oder anfertigen sowie die entsprechenden Erklärungen dazu aufschreiben und ein entsprechendes Arbeitsblatt erstellen.

Sozialform
Einzel- und Partnerarbeit

Stufe
Sek. I

Beschreibung
Bei dieser Methode, einer Pre-Reading-Activity, bei der die Lernenden vor der Lektüre eines literarischen Textes mit der Bedeutung der in dem Text vorkommenden Redewendungen bekannt gemacht werden sollen, ordnen die Lernenden in einem Kasten notierte Redewendungen den entsprechenden Bildern mit einer Bedeutungserklärung zu. Auf diese Weise können die Lernenden sich mithilfe der verbildlichten Darstellung die Bedeutungen der Redewendungen, die für Lernende mit DaZ häufig nicht von allein identifizierbar sind und sich deshalb oft als Stolpersteine beim Textverständnis erweisen, erschließen. Zudem führt die bildliche Darstellung der Redewendungen dazu, dass sich die Lernenden die Bedeutungen der Redewendungen leichter einprägen, worin ein großer Vorzug dieser Methode besteht, die sich jedoch nur für Redewendungen eignet, die sich

auch gut bildlich darstellen lassen. Die Bedeutung von Redewendungen, die sich nicht bildlich darstellen lassen, muss dann auf andere Weise geklärt werden. Nachdem die Lernenden die Bedeutungen in Einzel- oder Partnerarbeit zugeordnet haben, werden die Ergebnisse im Klassenverband besprochen.

Tipps

- Bei der Auswahl der Bilder sollte die Lehrkraft darauf achten, dass leicht zu erkennen ist, was dargestellt ist.
- Außerdem müssen die Bedeutungserklärungen in einfach zu verstehender Sprache abgefasst sein, damit sie von den Lernenden mit DaZ verstanden werden können.
- Bei leistungsschwächeren Lernenden empfiehlt sich bei der Besprechung im Klassenverband die Verwendung einer Overheadfolie zur Ergebnissicherung.

Varianten

- Zur Binnendifferenzierung kann die Lehrkraft für Lernende mit Deutsch als Muttersprache oder fortgeschrittenere Lernende mit DaZ den Kasten abdecken und diese Lernenden auffordern, die gesuchten Redewendungen so zu finden.
- Die Lehrkraft kann das Arbeitsblatt auch um weitere verbildlichte Redewendungen ergänzen, die in dem Text direkt nicht vorkommen, und die Lernenden dann auffordern herauszufinden, welche der gezeigten Redewendungen in dem Text vorkommen.

Kopiervorlage

Redewendungen entschlüsseln

Aufgabe:
Ordne zu, welche Redewendung aus dem Kasten zu welchem Bild mit Bedeutungserklärung passt.

jemandem einen Maulkorb verpassen – den Kopf in den Sand stecken – Tomaten auf den Augen haben – jemanden in die Zange nehmen – etwas unter den Teppich kehren – Haare auf den Zähnen haben

____

etwas nicht bemerken, nicht sehen

____

jemanden unter Druck setzen, ihm mit Fragen zusetzen

____

eine Gefahr nicht wahrhaben wollen, der Wirklichkeit ausweichen

____

sich mit Worten gut wehren können

____

jemanden an der freien Äußerung der Meinung hindern

____

etwas vertuschen, unterdrücken

Birgit Lascho · Das schnelle Methoden 1x1 DaZ. Illustratorin: Dorina Tessmann

→ Redewendungsirrgarten

Ziel der Methode

- die Heranführung an in einem Text vorkommende Redewendungen und ihre Bedeutung

Einsatzmöglichkeiten

als Vorbereitung auf die Lektüre eines literarischen Textes, in dem die ausgewählten oder ein Teil der ausgewählten Redewendungen vorkommen

Material

Arbeitsblatt, das die Lehrkraft vorbereitet

Vorbereitung

Die Lehrkraft muss die im ausgewählten Text vorkommenden Redewendungen heraussuchen, auf ein Blatt untereinander auf der linken Seite notieren, die dazu passenden Bedeutungen auf der rechten Seite in anderer Reihenfolge notieren und dann die zueinander passenden Redewendungen und Bedeutungserklärungen durch Schlängellinien miteinander verbinden.

Sozialform

Einzel- und Partnerarbeit

Stufe

Sek. I

Beschreibung

Mit dieser Methode, die eine Pre-Reading-Activity darstellt, soll das Verständnis von in einem literarischen Text vorkommenden Redewendungen vorbereitet werden, die für Lernende mit DaZ häufig einen Stolperstein beim Textverständnis verkörpern, da sich der Sinn von vielen Redewendungen nicht so einfach erschließen lässt. Die Lernenden erhalten dabei vor der Lektüre des ausgewählten Textes ein Arbeitsblatt, auf dem sie den im Text vorkommenden Redewendungen die richtigen Bedeutungserklärungen zuordnen müssen. Da sich die Lernenden den Sinn der Redewendungen nicht einfach so erschließen können, werden die einzelnen Redewendungen als Hilfe durch geschlängelte Linien mit den dazugehörigen Bedeutungen verbunden, sodass die Lernenden sich als Detektive betätigen und die einzelnen Linien nachfahren müssen, um die Bedeutungen für die Redewendungen zu ermitteln. Dadurch eignen sich die Lernenden die Redewendungen aktiv an, wobei sie der Rätselcharakter der Methode besonders motiviert. Durch das anschließende Notieren der Redewen-

dungen samt den dazugehörigen Bedeutungen prägen sie sich den Lernenden besonders gut ein.
Nachdem die Lernenden die Aufgabe in Einzel- oder Partnerarbeit gelöst haben, erfolgt eine kurze Ergebniskontrolle im Klassenverband, ehe mit der Lektüre des literarischen Textes begonnen wird.

Tipps

- Bei den Bedeutungserklärungen sollte die Lehrkraft darauf achten, dass diese in leicht verständlicher Sprache verfasst sind, damit die Lernenden mit DaZ sie auch verstehen.
- Leistungsschwächeren Lernenden kann die Lehrkraft den Tipp geben, die Verbindungslinien mit verschiedenfarbigen Buntstiften nachzufahren.

Varianten

- Leistungsstärkere Lernende kann die Lehrkraft als Differenzierungsmaßnahme auffordern, die Bedeutungen erst ohne das Nachfahren der Verbindungslinien zuzuordnen und zu notieren und dann die Verbindungslinien zur Kontrolle nachzufahren.
- Auf das Arbeitsblatt können auch mehr Redewendungen aufgenommen werden, als im Text vorkommen. Die Lernenden können dann aufgefordert werden, die besprochenen Redewendungen im Text zu identifizieren.

Kopiervorlage

Redewendungsirrgarten

Aufgaben:

1. Welche Redewendung hat welche Bedeutung? Finde es heraus, indem du von der einzelnen Redewendung der jeweiligen Linie durch den Irrgarten zu der passenden Bedeutungserklärung folgst.
2. Schreibe die Redewendungen anschließend mit den passenden Bedeutungen auf.

jemandem auf den Wecker gehen	Straftaten, Unrecht begangen haben
im gleichen Boot sitzen	nachlässig sein, die Disziplin vernachlässigen
aus allen Wolken fallen	etwas Offensichtliches nicht erkennen
etwas über Bord werfen	ein schwieriges Problem lösen
sich auf dem Holzweg befinden	gemeinsam in derselben schwierigen Lage sein
die Zügel schleifen lassen	etwas aufgeben, endgültig fallenlassen
auf den Zahn fühlen	völlig überrascht sein
ein Brett vor dem Kopf haben	jemandem lästig werden, jemanden stören
die Kuh vom Eis kriegen	mit seiner Meinung, Vorstellung völlig falsch liegen
etwas am Kerbholz haben	genauer nachfragen, ins Verhör nehmen

→ Infinitive zuordnen

Ziele der Methode

- Förderung des Textverständnisses
- Festigung unregelmäßiger Verbformen

Einsatzmöglichkeiten

bei literarischen Texten oder Sachtexten mit unregelmäßigen Verbformen

Material

Arbeitsblatt

Vorbereitung

Die Lehrkraft muss nach den unregelmäßigen Verbformen in dem Text Klammern mit einer Schreiblinie zum Eintragen hinzufügen und einen Kasten mit den im Text vorkommenden Infinitiven in vermischter Reihenfolge gestalten.

Sozialform

Einzel-, Partner- und Gruppenarbeit

Stufe

Sek. I und II

Beschreibung

Diese Methode dient der Förderung des Textverständnisses von Texten mit unregelmäßigen Verbformen und der Festigung unregelmäßiger Verbformen. Die Lernenden erhalten den Text, bei dem die Lehrkraft hinter den unregelmäßigen Verbformen jeweils eine Schreiblinie in Klammern zum Eintragen ergänzt hat, mit einem Kasten, in dem die Infinitive zu den Verbformen in ungeordneter Reihenfolge notiert sind. Die Lehrkraft beauftragt die Lernenden nun damit, die passenden Infinitive aus dem Kasten zu den unregelmäßigen Verben herauszusuchen und zu notieren. Dies können die Lernenden in Einzel-, Partner- oder Gruppenarbeit erledigen. Der Einsatz von Partner- oder Gruppenarbeit eignet sich dabei besonders gut zur Integration von leistungsschwächeren Lernenden. Durch die Bildung von leistungsheterogenen Paaren oder Gruppen können diese gut unterstützt werden. Im Anschluss werden die Ergebnisse im Klassenverband abgerufen.

Tipps

- Sofern in dem Text leicht verwechselbare unregelmäßige Verbformen wie zum Beispiel die Präteritumsformen von „bieten“ und „bitten“ vorkommen, sollte die Lehrkraft eine der Formen als Lösung vorgeben, um einer Verwechslungsgefahr vorzubeugen und die Lernenden nicht aufs Glatteis zu führen.
- Aus Platzgründen empfiehlt es sich, mehrfach vorkommende Verbformen nur beim ersten Mal abzufragen.
- Bei Lernenden mit sehr geringen Vorkenntnissen sollte die Lehrkraft schwer erschließbare Sonderformen, wie zum Beispiel „war“ von „sein“, vorgeben oder zuvor thematisieren.

Varianten

- Buchstaben- oder Silbensalat, was noch einfacher ist
- Schreibung in spiegelverkehrter Buchstabenreihenfolge, was ebenfalls einfacher als die Zuordnung ist

Kopiervorlage

Wie Eulenspiegel Erde kaufte

erzählt von Erich Kästner

Der Graf von Anhalt war (____________) nicht der einzige deutsche Fürst, der Eulenspiegel mit dem Galgen bedrohte. Genau dasselbe tat (____________), wenig später, der Herzog von Lüneburg. Till hatte (____________) nämlich auch im Herzogtum Lüneburg irgendwelche Dummheiten ausgefressen. Und der Herzog hatte ihm daraufhin gesagt: „Mach, dass du über die Grenze kommst! Wenn du dich wieder blicken lässt (____________), wirst (____________) du gehängt!"
Eulenspiegel war damals wie der Blitz aus Lüneburg verschwunden (____________). Später aber musste (____________) er auf seinen Fahrten doch wieder durch das Gebiet des Herzogs, falls er keinen zu großen Umweg machen wollte (____________). Er kaufte sich deshalb ein Pferd und einen Karren; und in der Nähe von Celle hielt (____________) er an einem Acker still, den ein Bauer pflügte, und kaufte dem Bauern für einen Schilling so viel Ackererde ab, dass der Karren bis oben hin voll davon wurde (____________). Dann setzte (____________) sich Till in den Karren, so dass nur der Kopf und die Arme hervorschauten. Und so kutschierte Eulenspiegel durch das ihm verbotene Herzogtum. Er sah (____________) fast aus wie ein fahrender Blumentopf. Als er an der Burg Celle vorbeifuhr (____________), begegnete er dem Herzog, der mit seinem Gefolge zur Jagd ritt (____________). Der Herzog hielt an und sagte: „Ich habe dir mein Land verboten. Steig aus! Jetzt wirst du gehängt."
„Ich bin (____________) ja gar nicht in Eurem Land", erwiderte Eulenspiegel. „Ich sitze in meinem eigenen Land. Ich hab' es rechtmäßig von einem Bauern gekauft. Erst gehörte es ihm. Nun gehört es mir. Euer Land ist es nicht." Der Herzog sagte: „Scher dich mit deinem Land aus meinem Land, du Galgenstrick! Und wenn du noch einmal hierherkommst, hänge ich dich samt Pferd und Wagen!"

(Zitiert nach: Erich Kästner: Till Eulenspiegel. Cecilie Dressler Verlag, Hamburg [1]1991, S. 69–74. Rechtschreibung modernisiert.)

Aufgabe:
Lies die Geschichte. Ordne den Verbformen die passenden Infinitivformen aus dem Kasten zu und notiere sie in der dafür vorgesehenen Klammer.

vorbeifahren – müssen – sein – halten – lassen – sehen – werden – reiten – sein – werden – tun – sitzen – wollen – haben – verschwinden

→ Grammatische Bezüge mit Pfeilen verdeutlichen

Ziele der Methode
- Erfassen der Bezugswörter von Pronomen
- Verdeutlichung von Bezügen innerhalb komplexer Satzgefüge
- Unterstützung und Förderung des Textverständnisses

Einsatzmöglichkeiten
alle Arten von Texten, in denen Pronomen vorkommen

Material
Arbeitsblatt mit Text, Buchtext

Vorbereitung
keine

Sozialform
Einzel-, Partner- und Gruppenarbeit

Stufe
Sek. I und II

Beschreibung
Diese Methode zielt auf das Erfassen der Bezugswörter von Pronomen und die Verdeutlichung von grammatischen Bezügen innerhalb komplexer Satzgefüge und somit auf die Förderung des Textverständnisses ab. Die Lernenden erhalten den Auftrag, die Bezüge von Pronomen zu ihren Bezugsnomen durch Pfeile zu verdeutlichen. Durch diese Visualisierungsaufgabe soll erreicht werden, dass die Lernenden mit DaZ, die oft große Schwierigkeiten haben, Texte mit Pronomen zu verstehen, sich die Bezüge schrittweise bewusst machen und so Texte mit komplexeren grammatischen Strukturen leichter verstehen können. Die Visualisierungsaufgabe kann dabei in Einzel-, Partner- oder Gruppenarbeit erfolgen, wobei Partner- oder Gruppenarbeit sicherlich ertragreicher sind, weil die Lernenden sich dabei über ihre Zuordnungen verständigen müssen. Danach werden die Ergebnisse im Klassenverband abgerufen.

Tipps

- Damit die Lernenden die Bezüge besser mit Pfeilen verdeutlichen können, sollte die Lehrkraft den Text möglichst mindestens mit 1,5-fachem Zeilenabstand darbieten.
- Bei einer eher leistungsschwächeren Lerngruppe sollte die Lehrkraft die ersten zwei bis drei Sätze als Beispiel gemeinsam mit den Lernenden erledigen, ehe diese die restlichen Sätze bearbeiten.
- Leistungsschwächere Lernende kann die Lehrkraft durch den Einsatz von Partner- oder Gruppenarbeit fördern, indem sie leistungsheterogene Paare oder Gruppen bilden lässt, sodass leistungsschwächere Lernende von leistungsstärkeren profitieren können.
- Für die Ergebnissicherung kann die Lehrkraft den Text auf eine Overheadfolie ziehen, auf der die Pfeile eingezeichnet werden können.

Grammatische Bezüge verstehen

Ein starkes Mädchen

Ingo fuhr mit dem Fahrrad die Straße entlang, als er plötzlich seine Mitschülerin Johanna erblickte, die aus einem Gartentor herauskam.
Sofort hielt er auf der Höhe des Gartentors an, sprang vom Fahrrad und begrüßte sie. Freundlich und verschüchtert erwiderte sie seinen Gruß. Ingo fragte sie sofort: „Kommst du mit mir zur Schule? Du kannst auf meinem Gepäckträger mitfahren!" Doch Johanna sagte: „Nein, dafür bin ich viel zu schwer. Warte mal, ich komme gleich wieder." „Wo geht sie jetzt nur hin?", dachte Ingo, „Mist, wenn ich jetzt zu spät zur Schule komme …" Doch da kam Johanna schon wieder.
Sie schob ein Tandemfahrrad neben sich her und rief Ingo ermunternd zu: „Los, parke dein Rad hier und steige bei mir auf, mit diesem Rad können wir gemeinsam zur Schule radeln." Dies ließ sich Ingo nicht zweimal sagen. Er schob sein Rad in den Garten von Johannas Eltern und befestigte es dort am Zaun. Dann radelten beide mit voller Kraft auf dem Tandem in Richtung Schule und waren noch pünktlich.

Aufgabe:
Verdeutliche die grammatischen Bezüge in dem Text, indem du die Pronomen unterstreichst, dann die zugehörigen Nomen dazu unterstreichst und anschließend die Bezüge durch Pfeile kennzeichnest.

→ Bilderhandlungsschrittpuzzle

Ziele der Methode
- die Handlung eines Textes korrekt erfassen und wiedergeben
- die Handlung eines Textes rekapitulieren

Einsatzmöglichkeiten
bei literarischen oder berichtenden Texten, die eine Handlung aufweisen

Material
drei bis neun Bildvorlagen zu einer Geschichte, Kopie oder Overheadfolie

Vorbereitung
Die Lehrkraft sucht oder zeichnet eine passende Bildfolge zu der Handlung des ausgesuchten Textes und bringt sie in eine falsche Reihenfolge.

Sozialform
Einzel-, Partner- und Gruppenarbeit

Stufe
Sek. I

Beschreibung
Diese Methode dient dazu, die Handlungsfolge von literarischen oder berichtenden Texten korrekt zu erfassen und wiederzugeben. Die Lernenden erhalten eine durcheinandergebrachte Bildfolge von drei bis neun Bildern, die die wesentlichen Handlungsschritte des ausgewählten Textes abbilden, und müssen die Bilder in die richtige Reihenfolge bringen. Mithilfe der Bilder können die Lernenden mit DaZ die Handlung besser verstehen und wiederholen. Die Bilder erhalten die Lernenden dabei entweder auf einer Kopie und müssen sie in Einzel-, Partner- oder Gruppenarbeit ausschneiden, in die richtige Reihenfolge bringen und so aufkleben. Oder die Lehrkraft präsentiert den Lernenden die einzelnen Bilder auf Overheadfolie in durcheinandergebrachter Reihenfolge und fordert ein bis zwei Lernende auf, die Bilder auf dem Overheadprojektor in die richtige Reihenfolge zu bringen. Dabei müssen die Lernenden ihr Ergebnis begründen und sind so gezwungen, die einzelnen Handlungsschritte wiederzugeben und zu rekapitulieren. Auf diese Weise wird das Textverständnis visuell unterstützt. Das Sortieren der Bilder am Overheadprojektor wirkt besonders auf jüngere Lernende der Sekundarstufe I motivierend.

Tipps

- Die Lehrkraft sollte nur Bilder auswählen, auf denen die gezeigten Personen oder Gegenstände eindeutig zu erkennen sind.
- Bei der Verwendung der Bilder am Overheadprojektor sollte die Lehrkraft auf eine ausreichende Bildgröße achten und nicht mehr als sechs Bilder verwenden.

Kopiervorlage

Bilderpuzzle zur Eulenspiegel-Geschichte „Wie Eulenspiegel Erde kaufte“

Aufgabe:

Schneide die Bilder aus und klebe sie in der richtigen Reihenfolge in dein Heft.

(Textgrundlage: Erich Kästner: Wie Eulenspiegel Erde kaufte. In: Erich Kästner: Till Eulenspiegel. Cecilie Dressler Verlag, Hamburg 1991, S. 69–74.)

Birgit Lascho · Das schnelle Methoden 1x1 DaZ. Illustratorin: Dorina Tessmann

→ Inhaltsfragen

Ziele der Methode
- Unterstützung und Förderung des Textverständnisses durch Leitfragen
- Sicherung des Textverständnisses
- Förderung der Ausdruckskompetenz

Einsatzmöglichkeiten
bei literarischen Texten und Sachtexten

Material
Arbeitsblatt, Tafel oder Overheadfolie

Vorbereitung
Die Lehrkraft sucht entsprechende Leitfragen zum ausgewählten Text heraus oder formuliert sie selbst.

Sozialform
Einzel-, Partner- und Gruppenarbeit

Stufe
Sek. I und II

Beschreibung
Bei dieser Methode, die die Zielsetzung verfolgt, das Textverständnis der Lernenden zu unterstützen und zu fördern oder zu sichern, erhalten die Lernenden mehrere Leitfragen zu dem ausgewählten Text, die sie in ganzen Sätzen beantworten sollen. Auf diese Weise werden sie zu den wesentlichen Handlungsschritten oder Aussagen des Textes geführt und müssen diese in eigenen Worten wiedergeben, wodurch auch ihre Ausdruckskompetenz gefördert wird. Die Fragen können die Lernenden dabei in Einzel-, Partner- oder Gruppenarbeit beantworten. Inhaltsfragen können jedoch genauso gut zum Abprüfen des Textverständnisses dienen, nachdem der Textinhalt im Klassenverband bereits besprochen wurde. Müssen die Lernenden dann die Fragen in Einzelarbeit beantworten, so kann die Lehrkraft sehen, was einzelne Lernende verstanden haben.

- Bei der Formulierung der Fragen sollte die Lehrkraft darauf achten, dass es sich nicht um sogenannte Entscheidungsfragen handelt, die nur mit „Ja“ und „Nein“ zu beantworten sind, sondern um Inhaltsfragen, die zudem eindeutig zu beantworten sind.
- Dienen die Fragen zur Unterstützung und Förderung des Textverständnisses, sollte die Lehrkraft darauf achten, dass sie auf die wesentlichen Handlungsschritte oder Aussagen des Textes abzielen.
- Sofern es sich um eine leistungsschwache Lerngruppe handelt, sollte die Lehrkraft die Fragen vor der Bearbeitung mit der Lerngruppe im Plenum besprechen, damit alle Lernenden wissen, worum es geht.
- Leistungsschwächere Lernende kann die Lehrkraft durch den Einsatz von Partner- oder Gruppenarbeit fördern, indem sie leistungsheterogene Paare oder Gruppen bilden lässt, sodass leistungsschwächere Lernende von leistungsstärkeren profitieren können.

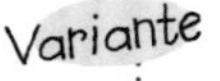

Ankreuzfragen, besser geeignet für weniger fortgeschrittene Lernende, die sprachlich noch wenig selbst formulieren können

Kopiervorlage

Wie gut hast du die Geschichte „Wie Till Eulenspiegel Erde kaufte“ verstanden?

Aufgabe:
Beantworte folgende Fragen in ganzen Sätzen.

1) Womit droht der Herzog von Lüneburg Till Eulenspiegel zu Beginn der Geschichte, falls Till Eulenspiegel wieder durch das Land des Herzogs fahren sollte?

2) Warum droht ihm der Herzog damit?

3) Was macht Till Eulenspiegel, als er wieder durch das Land des Herzogs von Lüneburg fahren möchte?

4) Was passiert an der Burg Celle, als Till Eulenspiegel verbotenerweise durch das Land des Herzogs von Lüneburg fährt?

5) Wie redet sich Till Eulenspiegel gegenüber dem Herzog heraus?

6) Wie reagiert der Herzog auf Till Eulenspiegels Ausrede?

(Textgrundlage: Erich Kästner: Wie Eulenspiegel Erde kaufte. In: Erich Kästner: Till Eulenspiegel. Cecilie Dressler Verlag, Hamburg 1991, S. 69–74.)

→ Ankreuzfragen

Ziele der Methode
- Unterstützung und Förderung des Textverständnisses durch Leitfragen
- Sicherung des Textverständnisses

Einsatzmöglichkeiten
bei literarischen Texten oder Sachtexten

Material
Arbeitsblatt, Tafel oder Overheadfolie

Vorbereitung
Die Lehrkraft sucht entsprechende Leitfragen und Ankreuzantworten zum ausgewählten Text heraus oder formuliert sie selbst.

Sozialform
Einzel-, Partner- und Gruppenarbeit

Stufe
Sek. I und II

Beschreibung
Die Zielsetzung dieser Methode ist, das Textverständnis der Lernenden zu unterstützen und zu fördern oder zu sichern. Die Lernenden erhalten mehrere Leitfragen zu dem ausgesuchten Text, zu denen sie die richtige Antwort von zwei oder drei vorgegebenen Antworten ankreuzen müssen. So werden sie zu den wesentlichen Handlungsschritten oder Aussagen des Textes geführt. Die Fragen können die Lernenden dabei in Einzel-, Partner- oder Gruppenarbeit beantworten. Ankreuzfragen können jedoch genauso gut zum Abprüfen des Textverständnisses dienen, nachdem der Textinhalt im Klassenverband besprochen wurde. Lässt die Lehrkraft die Lernenden dann die Fragen in Einzelarbeit beantworten, so kann sie sehen, was einzelne Lernende verstanden haben.

Tipps

- Bei der Formulierung der Fragen sollte die Lehrkraft darauf achten, dass es sich um Fragen handelt, die eindeutig zu beantworten sind.
- Dienen die Fragen zur Unterstützung und Förderung des Textverständnisses, ist es wichtig, dass sie auf die wesentlichen Handlungsschritte oder Aussagen des Textes abzielen.
- Zudem sollte die Lehrkraft bei der Formulierung der Antworten darauf achten, dass die falschen Antworten auch eindeutig als nicht zutreffend für die Lernenden zu identifizieren sind.
- Sofern es sich um eine leistungsschwache Lerngruppe handelt, sollte die Lehrkraft die Fragen vor der Bearbeitung mit der Lerngruppe im Plenum besprechen, damit alle Lernenden wissen, worum es geht.
- Leistungsschwächere Lernende kann die Lehrkraft durch den Einsatz von Partner- oder Gruppenarbeit fördern, indem sie leistungsheterogene Paare oder Gruppen bilden lässt, sodass leistungsschwächere Lernende von leistungsstärkeren profitieren können.

Varianten

- Inhaltsfragen, die in ganzen Sätzen zu beantworten sind, diese sind eher für fortgeschrittenere Lernende mit DaZ geeignet, die schon eigenständig Sätze formulieren können. Der Vorteil dieser Methode gegenüber den Ankreuzfragen besteht darin, dass durch das eigenständige Formulieren auch die Ausdruckskompetenz der Lernenden gefördert wird.

Wie gut hast du die Geschichte „Wie Till Eulenspiegel Erde kaufte" verstanden?

Aufgabe:
Kreuze jeweils die richtige Antwort auf die Frage an.

1) Womit droht der Herzog von Lüneburg Till Eulenspiegel zu Beginn der Geschichte, falls Till Eulenspiegel wieder durch das Land des Herzogs fahren sollte?
- ☐ Der Herzog droht Eulenspiegel damit, dass er ins Gefängnis gesperrt wird, falls er wieder in das Land des Herzogs kommt.
- ☐ Der Herzog droht Eulenspiegel damit, dass er gehängt wird, falls er wieder in das Land des Herzogs kommt.

2) Warum droht ihm der Herzog damit?
- ☐ Er droht ihm damit, weil Till Eulenspiegel im Land des Herzogs Dummheiten begangen hat.
- ☐ Er droht ihm damit, weil Till Eulenspiegel mit der Frau des Herzogs verliebte Blicke ausgetauscht hat.

3) Was macht Till Eulenspiegel, als er wieder durch das Land des Herzogs von Lüneburg fahren möchte?
- ☐ Till Eulenspiegel entwendet bei einem Blumenhändler einen Karren voller Erde und gräbt sich dann in die Erde auf dem Karren so ein, dass nur noch der Kopf und die Füße zu sehen sind.
- ☐ Till Eulenspiegel kauft sich ein Pferd und einen Karren und kauft einem Bauern so viel Erde ab, dass der Karren voll mit Erde ist. Er gräbt sich dann in die Erde auf dem Karren so ein, dass nur noch der Kopf und die Arme zu sehen sind.

4) Was passiert an der Burg Celle, als Till Eulenspiegel verbotenerweise durch das Land des Herzogs von Lüneburg fährt?
- ☐ Till Eulenspiegel begegnet dem Herzog, der ihm androht, ihn an den Galgen zu hängen.
- ☐ Till Eulenspiegel begegnet Bediensteten des Herzoges, die ihn gefangen nehmen.

5) Wie redet sich Till Eulenspiegel gegenüber dem Herzog heraus?
- ☐ Till Eulenspiegel sagt, dass er nicht im Land des Herzogs ist, da man ihn bis auf den Kopf und die Schultern kaum sehen kann. Denn er hat seinen Körper zum größten Teil mit Erde bedeckt.
- ☐ Till Eulenspiegel sagt, dass er nicht im Land des Herzogs ist, sondern in seinem eigenen Land sitzt. Denn dieses hat er rechtmäßig von einem Bauern erworben.

6) Wie reagiert der Herzog auf Till Eulenspiegels Ausrede?
- ☐ Der Herzog sagt, dass Till Eulenspiegel das Land des Herzogs sofort verlassen soll, und droht ihm an, dass er ihn beim nächsten Mal mit Pferd und Wagen hängen will.
- ☐ Der Herzog sagt, dass er Till Eulenspiegel als Hofnarren auf seine Burg holen will und dass er dort Essen sowie ein neues Pferd und einen besseren Karren erhalten soll.

(Textgrundlage: Erich Kästner: Wie Eulenspiegel Erde kaufte. In: Erich Kästner: Till Eulenspiegel. Cecilie Dressler Verlag, Hamburg 1991, S. 69–74.)

→ Visualisierungsskizze

Ziele der Methode
- Förderung des Textverständnisses
- Sicherung des Textverständnisses
- genaues Lesen
- Aktivierung der Vorstellungskraft bei literarischen Texten
- visuelle Umsetzung von Informationen

Einsatzmöglichkeiten
bei Texten, vor allem literarischen Texten, in denen eine Örtlichkeit eine Rolle spielt

Material
Plakate oder Overheadfolien und Folienstifte

Vorbereitung
Die Lehrkraft formuliert eine entsprechende Aufgabenstellung zu dem ausgewählten Text und stellt die benötigten Materialien zur Verfügung.

Sozialform
Einzel-, Partner- und Gruppenarbeit

Stufe
Sek. I und II

Beschreibung
Diese handlungs- und produktionsorientierte Methode dient dazu, die Lernenden zum genauen Textlesen anzuhalten und ihr Vorstellungsvermögen zu einer im Text beschriebenen Örtlichkeit zu wecken sowie das Textverständnis zu fördern oder zu sichern. Sie erhalten den Auftrag, auf einem Plakat oder einer Overheadfolie eine Lageskizze zu der im Text vorkommenden Örtlichkeit anzufertigen. Die Lernenden sollen dabei die dazu gegebenen Informationen aus dem durch die Lehrkraft vorgegebenen Textabschnitt visualisieren. Dies kann in Einzel-, Partner oder Gruppenarbeit geschehen, wobei hier Partner- und Gruppenarbeit besonders ertragreich sein können, da die Lernenden sich so darüber verständigen müssen, wie die Skizze gezeichnet werden muss, und sich dabei über ihr Textverständnis und ihre Vorstellungen austauschen. Auf diese Weise sind die Lernenden gezwungen, den vorgegebenen Text genau zu lesen. Danach werden die Skizzen im Klassenverband präsentiert und besprochen.

Tipps

- Bei jüngeren oder leistungsschwächeren Lernenden mit DaZ sollte die Lehrkraft auf jeden Fall vorgeben, was sie bei ihrer Zeichnung beachten sollen, worauf der Fokus liegt.
- Bei Plakaten sollte die Lehrkraft den Lernenden unbedingt vorgeben, ob sie die Zeichnung im Hoch- oder Querformat anfertigen sollen.
- Zudem sollte die Lehrkraft den Lernenden bei der Anfertigung von Plakaten vorgeben, den Plan zunächst mit Bleistift vorzuzeichnen, bevor sie das Ergebnis mit einem dicken dunklen Filzstift nachzeichnen, da so noch Korrekturen vorgenommen werden können, wenn es Platzprobleme gibt.
- Beim Einsatz von Overheadfolien sollte die Lehrkraft die Lernenden anweisen, die Skizze von links nach rechts und von oben nach unten aufzutragen, um ein Verwischen zu vermeiden.
- Außerdem kann die Lehrkraft den Lernenden den Tipp geben, die Skizze durchzupausen, da dies leichter und schneller geht.
- Leistungsschwächere Lernende kann die Lehrkraft durch den Einsatz von Partner- und Gruppenarbeit fördern, indem sie leistungsheterogene Paare oder Gruppen bilden lässt, sodass die leistungsschwächeren Lernenden von den leistungsstärkeren profitieren können.
- Leistungsstärkere Lernende kann die Lehrkraft herausfordern, indem sie diese die für die Aufgabe notwendigen Textstellen selbst finden lässt.

Kopiervorlage

Die Örtlichkeiten in der Kurzgeschichte „Das Fenstertheater" von Ilse Aichinger

Aufgabe:
Lies die ersten drei Absätze der Kurzgeschichte noch einmal genau und halte in einer Skizze fest, wo sich die Frau befindet und wo der Mann. Berücksichtige in deiner Zeichnung zudem, was über und unter der Wohnung der Frau liegt.

(Textgrundlage: Ilse Aichinger: Das Fenster-Theater. In: Der Gefesselte, S. Fischer Verlag, Frankfurt/M 1958.)

→ Sprachschatztruhe

Ziele der Methode
- Förderung der Ausdruckskompetenz
- Kennenlernen und Anwendung von synonymen Ausdrücken

Einsatzmöglichkeiten
im Zusammenhang mit zu verfassenden Texten oder auch mündlichen Diskussionen

Material
Arbeitsblatt, Karteikarte

Vorbereitung
Die Lehrkraft notiert die entsprechenden synonymen Ausdrücke in einer Sprachschatztruhe und händigt sie den Lernenden auf einem Arbeitsblatt oder einer Karteikarte aus.

Sozialform
Einzelarbeit

Stufe
Sek. I und II

Beschreibung
Diese Methode dient dazu, den Lernenden Sprachbausteine oder Redemittel an die Hand zu geben, wie durch die Wortkästen in manchen Schulbüchern. So kann die Lehrkraft den Lernenden ohne großen Zeitaufwand einen Pool von ausgewählten synonymen Ausdrücken oder Sprachbausteinen anbieten. Die Ausdrücke werden dabei jedoch in einer Sprachschatztruhe notiert, was motivierender auf Lernende, vor allem jüngere Lernende der Sekundarstufe I, wirkt. Die aktive Aneignung durch die Lernenden erfolgt dann beim Verfassen der entsprechenden Texte oder im mündlichen Gespräch.

Tipps
- Um den Lernenden die Übersicht zu erleichtern, sollten nur inhaltlich passende Ausdrücke oder Formulierungen in einer Sprachschatztruhe notiert werden.
- Möchte die Lehrkraft den Lernenden noch weitere Ausdrücke oder Sprachbausteine an die Hand geben, so sollten diese entsprechend ihrer Bedeutung in extra Sprachschatztruhen notiert werden.

Kopiervorlage

Sprachschatztruhen zum Argumentieren

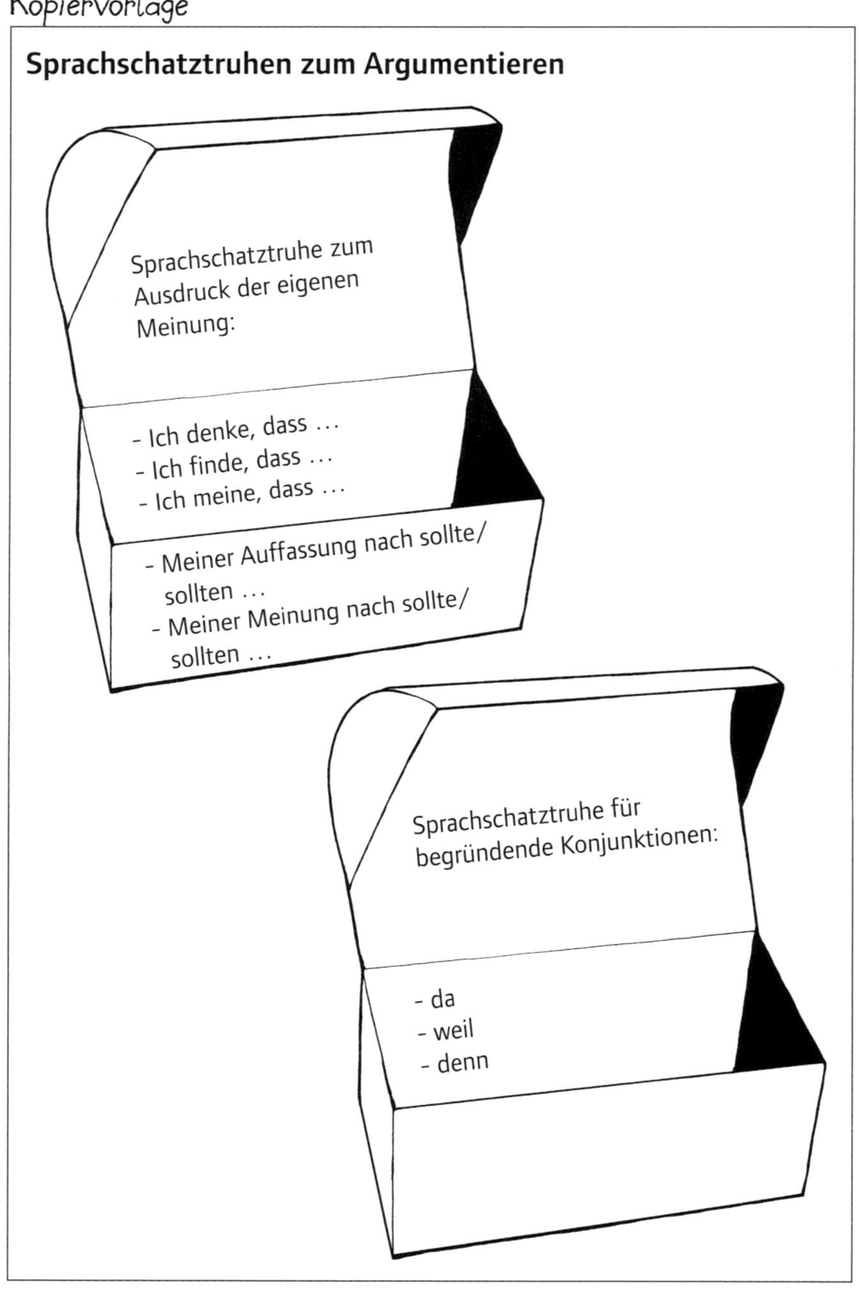

→ Wörter Abbildungen zuordnen

Ziele der Methode
- Vermittlung eines Fachwortschatzes zu einem bestimmten Thema
- Aktivierung eines Fachwortschatzes zu einem bestimmten Thema bei fortgeschrittenen Lernenden

Einsatzmöglichkeiten
als Vorbereitung für beschreibende Aufsatzformen wie Koch- oder Backanleitung, Bastelanleitung, Spielanleitung, Tiersuchanzeige, Bildbeschreibung u. a.

Material
Arbeitsblatt oder Kärtchen, Bildkarten und Magnete

Vorbereitung
Die Lehrkraft erstellt ein Arbeitsblatt mit den entsprechenden Abbildungen zum ausgewählten Thema oder Bild- und Wortkärtchen. Vorlagen für Bilder finden sich im Duden-Bildwörterbuch oder im Internet.

Sozialform
Einzel-, Partnerarbeit oder Plenum

Stufe
Sek. I und II

Beschreibung
Diese Methode soll den Lernenden die für eine beschreibende Aufsatzform notwendigen Fachbegriffe an die Hand geben. Dazu erhalten sie von der Lehrkraft ein Arbeitsblatt mit Bildern von den benötigten Fachbegriffen, denen sie in einem Kasten zusammengestellte Fachbegriffe zuordnen müssen. Das Zuordnen kann dabei in Einzel- oder Partnerarbeit geschehen, ehe die Ergebnisse im Klassenverband besprochen werden. Alternativ kann die Lehrkraft auch mit Magneten Bildkärtchen an der Tafel befestigen und an der Seite die zuzuordnenden Wortkärtchen und die Zuordnung im Klassenverband vornehmen lassen. Ein solches Vorgehen wirkt besonders auf jüngere Lernende der Sekundarstufe I motivierend.

Tipps

- Bei der Auswahl der Bilder sollte die Lehrkraft unbedingt darauf achten, dass die gezeigten Gegenstände für die Lernenden eindeutig zu erkennen sind.
- Einzelne leistungsschwächere Lernende in der Lerngruppe kann die Lehrkraft gut integrieren, indem sie diese in Partnerarbeit mit einem leistungsstärkeren Mitglied der Lerngruppe arbeiten lässt.
- Zur Binnendifferenzierung kann die Lehrkraft leistungsstärkere Lernende auffordern, den Kasten mit den Begriffen abzudecken und die Aufgabe erst so zu lösen, bevor sie die Begriffe aus dem Kasten als Ergebniskontrolle benutzen.
- Bei Lerngruppen mit extrem geringem Vorwissen empfiehlt es sich, die abgebildeten Gegenstände schon einmal vorab im Klassenverband benennen zu lassen, ehe die Lernenden ihren Wortschatz beim Zuordnen noch einmal festigen.
- Bei der Arbeit mit Kärtchen an der Tafel muss die Lehrkraft darauf achten, dass die Bilder und die Schrift auf den Wortkarten ausreichend groß sind.

Varianten

- Um den Schwierigkeitsgrad zu erhöhen, kann die Lehrkraft die Begriffe aus dem Kasten auch als Silbensalat darbieten. Da ein solches Vorgehen Rätselcharakter hat, wirkt es besonders motivierend auf leistungsstärkere Lernende.
- Wörter Erklärungen zuordnen

Kochutensilien – Was man zum Kochen braucht

Aufgabe:
Welche Dinge, die man zum Kochen benötigt, siehst du auf den Bildern? Ordne die Wörter aus dem Kasten richtig zu und schreibe sie mit dem dazugehörigen Artikel auf.

der Messbecher – der Topflappen – der Pfannenwender – das Nudelsieb – die Bratpfanne – der Kochlöffel – die Auflaufform – der Schneebesen – der Kochtopf

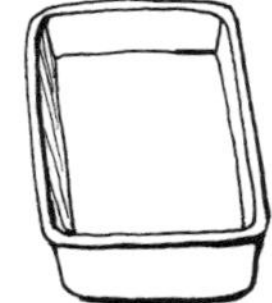

Birgit Lascho · Das schnelle Methoden 1x1 DaZ. Illustratorin: Dorina Tessmann

→ Wörter Erklärungen zuordnen

Ziele der Methode
- Vermittlung eines Fachwortschatzes zu einem bestimmten Thema
- Aktivierung eines Fachwortschatzes zu einem bestimmten Thema bei fortgeschritteneren Lernenden

Einsatzmöglichkeiten
als Vorbereitung für beschreibende Aufsatzformen wie Koch- oder Backanleitung, Bastelanleitung, Spielanleitung, Tiersuchanzeige, Bildbeschreibung u. a.

Material
Arbeitsblatt

Vorbereitung
Die Lehrkraft erstellt ein Arbeitsblatt zu den ausgewählten Fachbegriffen, auf dem sie die Fachbegriffe und die zuzuordnenden Bedeutungserklärungen notiert.

Sozialform
Einzel- und Partnerarbeit

Stufe
Sek. I und II

Beschreibung
Diese Methode hat das Ziel, den Lernenden Fachausdrücke zur Beschreibung von Gegenständen oder Handlungen an die Hand zu geben. Sie bekommen ein von der Lehrkraft zusammengestelltes Arbeitsblatt mit den Fachbegriffen zum Thema und den dazugehörigen Erklärungen. Dazu erhalten die Lernenden den Auftrag, in Einzel- oder Partnerarbeit die vorgegebenen Fachbegriffe den entsprechenden Erklärungen zuzuordnen. Auf diese Weise eignen sie sich die Fachbegriffe, die sie für die anzufertigende Beschreibung benötigen, aktiv an. Nachdem die Lernenden die Zuordnungen vorgenommen haben, werden die Ergebnisse im Klassenverband kontrolliert.

Tipps

- Beim Formulieren der Erklärungen sollte die Lehrkraft unbedingt darauf achten, dass die Erklärungen in leicht verständlicher Sprache abgefasst sind, damit die Lernenden mit DaZ sie eigenständig verstehen können.
- Einzelne leistungsschwächere Lernende kann die Lehrkraft gut integrieren, indem sie sie in Partnerarbeit mit einem leistungsstärkeren Mitglied der Lerngruppe arbeiten lässt.
- Zur Binnendifferenzierung kann die Lehrkraft leistungsstärkere Lernende auffordern, den Kasten mit den Begriffen abzudecken und die Aufgabe erst so zu lösen, bevor sie die Begriffe aus dem Kasten als Ergebniskontrolle benutzen.
- Bei Lerngruppen mit extrem geringem Vorwissen empfiehlt es sich, die Bedeutung der Fachbegriffe im Kasten schon einmal vorab im Klassenverband zu besprechen, ehe die Lernenden ihren Wortschatz beim Zuordnen noch einmal festigen.

Varianten

- Um den Schwierigkeitsgrad zu erhöhen, kann die Lehrkraft die Begriffe aus dem Kasten auch als Silbensalat darbieten. Da ein solches Vorgehen Rätselcharakter hat, wirkt es besonders motivierend auf leistungsstärkere Lernende.
- Für Begriffe, die Gegenstände beschreiben: Wörter Abbildungen zuordnen

Kopiervorlage

Tätigkeiten beim Kochen

Aufgabe:
Welches Verb, das eine Tätigkeit beim Kochen bezeichnet, hat welche Bedeutung? Ordne die Verben aus dem Kasten der passenden Erklärung zu.

wenden – abschrecken – schmelzen – salzen – braten – erhitzen – gießen – halbieren – rühren – kochen

1) ganz heiß machen, sodass Luftblasen aufsteigen und sich die Oberfläche bewegt: ______________________________

2) erwärmen, heiß machen: ______________________________

3) in der Pfanne warm machen: ______________________________

4) Fett durch Erwärmen in einen flüssigen Zustand bringen: ______________________________

5) mit einem Löffel bewegen: ______________________________

6) umdrehen: ______________________________

7) hineinschütten: ______________________________

8) in kaltes Wasser geben: ______________________________

9) Salz hinzufügen: ______________________________

10) in der Mitte in zwei Hälften teilen: ______________________________

→ Unpassende Ausdrücke aus Wortreihen identifizieren

Ziele der Methode

- Erweiterung des Wortschatzes
- Vermittlung von Bedeutungsnuancen
- Vermittlung eines Wortschatzes für einen abwechslungsreichen Ausdruck durch das Kennenlernen von synonymen Ausdrücken

Einsatzmöglichkeiten

Die Methode eignet sich zur Wortfeldarbeit, wenn es darum geht, viele verschiedene Bedeutungsnuancen und Ausdrucksmöglichkeiten kennenzulernen, wie zum Beispiel bei Verben des Sagens oder der Vorwärtsbewegung.

Material

Arbeitsblatt

Vorbereitung

Die Lehrkraft sucht ein entsprechendes Arbeitsblatt aus einer entsprechenden Unterrichtsmaterialiensammlung heraus oder erstellt selbst eines.

Sozialform

Einzel-, Partner- und Gruppenarbeit

Stufe

Sek. I und II

Beschreibung

Diese Methode dient dazu, den Lernenden Bedeutungsnuancen von Ausdrücken zu vermitteln und ihren Wortschatz durch das Kennenlernen von synonymen Ausdrücken zu erweitern. Sie müssen dazu aus mehreren Wortreihen mit synonymen Ausdrücken jeweils den Ausdruck herausfiltern, der seiner Bedeutung nach nicht in die Wortreihe passt. Auf diese Weise setzen sich die Lernenden mit der Bedeutung der vorgegebenen Wörter auseinander und eignen sich die Wörter samt Bedeutungen aktiv an. Da dabei Detektivarbeit zu leisten ist, wirkt diese Methode vor allem auf jüngere Lernende der Sekundarstufe I besonders motivierend. Nachdem die Lernenden die Aufgabe in Einzel-, Partner- oder Gruppenarbeit erledigt haben, werden die Ergebnisse im Klassenverband abgerufen.

Tipps

- Partner- oder Gruppenarbeit kann hier sehr ertragreich sein, da die Lernenden so über ihre Lösungsvorschläge diskutieren können. Durch die Bildung von leistungsheterogenen Paaren oder Gruppen können Leistungsschwächere von Leistungsstärkeren profitieren.
- Bei einer Gruppe mit leistungsschwächeren Lernenden sollte die Lehrkraft die Bedeutungen der Wörter vorab kurz besprechen, damit die Lernenden die Aufgabe eigenständig lösen können.

Varianten

- Synonyme zuordnen: Diese Methode ist vom Anspruchsniveau her etwas geringer und dafür eher für leistungsschwächere Lernende geeignet.
- Wettkampfspiel Synonyme finden: Diese Methode mit Wettkampf-charakter ist anspruchsvoller und daher eher für fortgeschrittenere Lernende mit DaZ geeignet.

Kopiervorlage

Verben des Sagens

Aufgabe: Welcher Ausdruck des Sagens passt jeweils vom Sinn her nicht in die Reihe? Streiche diesen Ausdruck durch.
Beispiel: gestehen zugeben ~~bestreiten~~ einräumen

a) rufen brüllen flüstern schreien
b) antworten fragen erwidern entgegnen
c) bezweifeln erwähnen anführen bemerken
d) fragen sich erkundigen erfragen behaupten
e) schimpfen fluchen bekräftigen meckern
f) auffordern sich freuen bitten befehlen
g) überlegen nachdenken fordern erwägen
h) hinterfragen betonen bekräftigen unterstreichen
i) infrage stellen bestreiten bezweifeln behaupten
j) sich freuen meckern jubeln jauchzen
k) fluchen ankündigen mitteilen bekannt geben
l) hauchen flüstern wispern schreien

Birgit Lascho: Das schnelle Methoden 1x1 DaZ.

→ Synonyme zuordnen

Ziele der Methode
- Erweiterung des Wortschatzes
- Vermittlung von Bedeutungsnuancen
- Vermittlung eines Wortschatzes für einen abwechslungsreichen Ausdruck durch das Kennenlernen von synonymen Ausdrücken
- aktive Aneignung neuer Wörter und Ausdrücke

Einsatzmöglichkeiten
Diese Methode eignet sich für die Wortfeldarbeit, wenn es darum geht, alternative Ausdrucksmöglichkeiten kennenzulernen und Bedeutungsnuancen, wie zum Beispiel bei Verben des Sagens oder der Vorwärtsbewegung.

Material
Arbeitsblatt

Vorbereitung
Die Lehrkraft sucht ein Arbeitsblatt aus einer entsprechenden Unterrichtsmaterialiensammlung heraus oder erstellt selbst eines.

Sozialform
Einzel-, Partner- und Gruppenarbeit

Stufe
Sek. I und II

Beschreibung
Bei dieser Methode erschließen sich die Lernenden durch Zuordnung synonyme Ausdrücke im Rahmen einer Wortfeldarbeit. Dazu erhalten sie ein Arbeitsblatt, auf dem sie ungeordnete Ausdrücke in einem Kasten den passenden vorgegebenen Ausdrücken mit gleicher oder ähnlicher Bedeutung in Einzel-, Partner- oder Gruppenarbeit zuordnen. Auf diese Weise erweitern oder festigen die Lernenden ihre Ausdruckskompetenz. Gerade durch den Einsatz von Partner- oder Gruppenarbeit kann hier das Erfassen von Bedeutungsnuancen gefördert werden. Danach werden die Ergebnisse im Klassenverband besprochen.

Tipps
- Bei der Konzeption oder Auswahl des Arbeitsblattes sollte die Lehrkraft darauf achten, dass eindeutige Zuordnungen möglich sind.
- Leistungsschwächere Lernende können gefördert werden, indem die Lehrkraft leistungsheterogene Paare oder Gruppen bilden lässt, sodass leistungsschwächere Lernende von leistungsstärkeren profitieren können.

Varianten
- Unpassende Ausdrücke aus Wortreihen identifizieren: Bei dieser Methode können die Lernenden eine größere Menge von synonymen Ausdrücken kennenlernen. Sie ist eher für etwas leistungsstärkere Lernende oder Lerngruppen zu empfehlen.
- Wettkampfspiel Synonyme finden: Diese Methode ist noch anspruchsvoller, da sie noch mehr Vorkenntnisse von den Lernenden erfordert. Durch den Wettkampfcharakter ist sie vor allem sehr motivierend für jüngere Lernende.

Kopiervorlage

Ausdrücke des „Sagens“

Aufgabe:
Welcher Ausdruck ist in der Bedeutung gleich oder ähnlich? Ordne die in dem Kasten notierten Ausdrücke dem passenden Ausdruck zu.

flüstern – kritisieren – denken – sich erkundigen – überlegen – fluchen – gestehen – betteln – sprechen – zusagen – anordnen – brüllen

a) schreien: ____________________ g) befehlen: ____________________

b) bitten: ____________________ h) fragen: ____________________

c) versprechen: ____________________ i) zugeben: ____________________

d) sagen: ____________________ j) wispern: ____________________

e) meckern: ____________________ k) meinen: ____________________

f) nachdenken: ____________________ l) anprangern: ____________________

→ Wettkampfspiel Synonyme finden

Ziele der Methode
- Erarbeitung einer Sammlung von synonymen Ausdrücken zu einem bestimmten Wortfeld, wie zum Beispiel „sagen“ oder „gehen“
- Förderung der Ausdruckskompetenz
- Vermittlung von Bedeutungsnuancen

Einsatzmöglichkeiten
Formulierungshilfe, Wortfeldarbeit im Vorfeld von zu verfassenden Aufsätzen für fortgeschrittene DaZ-Lernende mit ein wenig Vorkenntnissen

Material
leeres Blatt, Stifte

Vorbereitung
keine

Sozialform
Gruppenarbeit

Stufe
Sek. I

Beschreibung
Mit dieser Methode sammeln die Lernenden im Rahmen eines spielerischen Wettkampfes Synonyme zu einem vorgegebenen Wort. Dazu fordert die Lehrkraft die Lernenden vor Beginn des Spieles auf, sich in Vierer- oder Fünfergruppen zusammenzufinden, oder teilt diese ein. Sie erklärt, was Synonyme sind, das Ziel und den Ablauf des Spieles. Die Lehrkraft sollte auf die Entstehung leistungsheterogener Gruppen achten, damit leistungsschwächere Lernende mit einem geringen Wortschatz von leistungsstärkeren profitieren können.
Die einzelnen Gruppen sollen dabei das Wort, das ihnen die Lehrkraft vorgibt, in der Mitte eines unbeschriebenen Blattes notieren und dann innerhalb der vorgegebenen Zeit so viele Ausdrücke mit derselben oder einer ähnlichen Bedeutung aufschreiben, wie ihnen einfallen. Sieger ist diejenige Gruppe, die die meisten passenden Synonyme zu dem gesuchten Wort gefunden hat. Die Zeit legt die Lehrkraft entsprechend dem Leistungsvermögen der Lerngruppe fest. Wenn die vorgegebene Zeit um ist, müssen alle Gruppen den Stift aus der Hand legen und ihre Wörter zählen. Bei der anschließenden Besprechung im

Klassenverband werden die gefundenen Wörter an der Tafel oder auf einer Overheadfolie gesammelt und anschließend von allen Lernenden abgeschrieben. Das Sammeln kann dabei durch die Lehrkraft oder ein Mitglied der Lerngruppe geschehen, was schülerzentrierter ist. Unpassende Wörter müssen auf den Blättern der einzelnen Gruppen gestrichen und vom Ergebnis abgezogen werden, ehe die Siegergruppe mit den meisten Treffern ermittelt wird.
Durch den Wettbewerbscharakter wirkt die Methode besonders auf jüngere Lernende der Sekundarstufe I motivierend.

Tipps

- Bei einer sehr lebhaften Lerngruppe sollte die Lehrkraft die Lernenden auffordern, sich untereinander nur in Flüsterlautstärke zu verständigen, damit die übrigen Gruppen nicht von den genannten Wörtern profitieren.
- Bei leistungsschwächeren Klassen oder Einzelgruppen kann die Lehrkraft den Lernenden Hilfekarten mit synonymen Ausdrücken anbieten, die in verrätselter Form, z. B. als Buchstabenschlange, mit Unsinnsbuchstaben dazwischen oder in spiegelverkehrter Buchstabenreihenfolge, notiert sind.
- Überträgt die Lehrkraft die Sammlung der Synonyme in der Auswertungsphase einem Lernenden, so sollte sie darauf achten, dass er eine gut leserliche Handschrift hat und einigermaßen fehlerfrei schreiben kann.
- Bei Zeitknappheit bietet es sich an, die synonymen Ausdrücke auf einer Overheadfolie zu notieren und diese den Lernenden anschließend zu kopieren, sodass das Abschreiben entfallen kann.

Varianten

- Synonyme zuordnen, was sich für Lernende mit DaZ mit sehr geringen Vorkenntnissen eher empfiehlt
- unpassende Ausdrücke aus Wortreihen identifizieren, was sich für Lernende mit DaZ mit geringeren Vorkenntnissen eignet

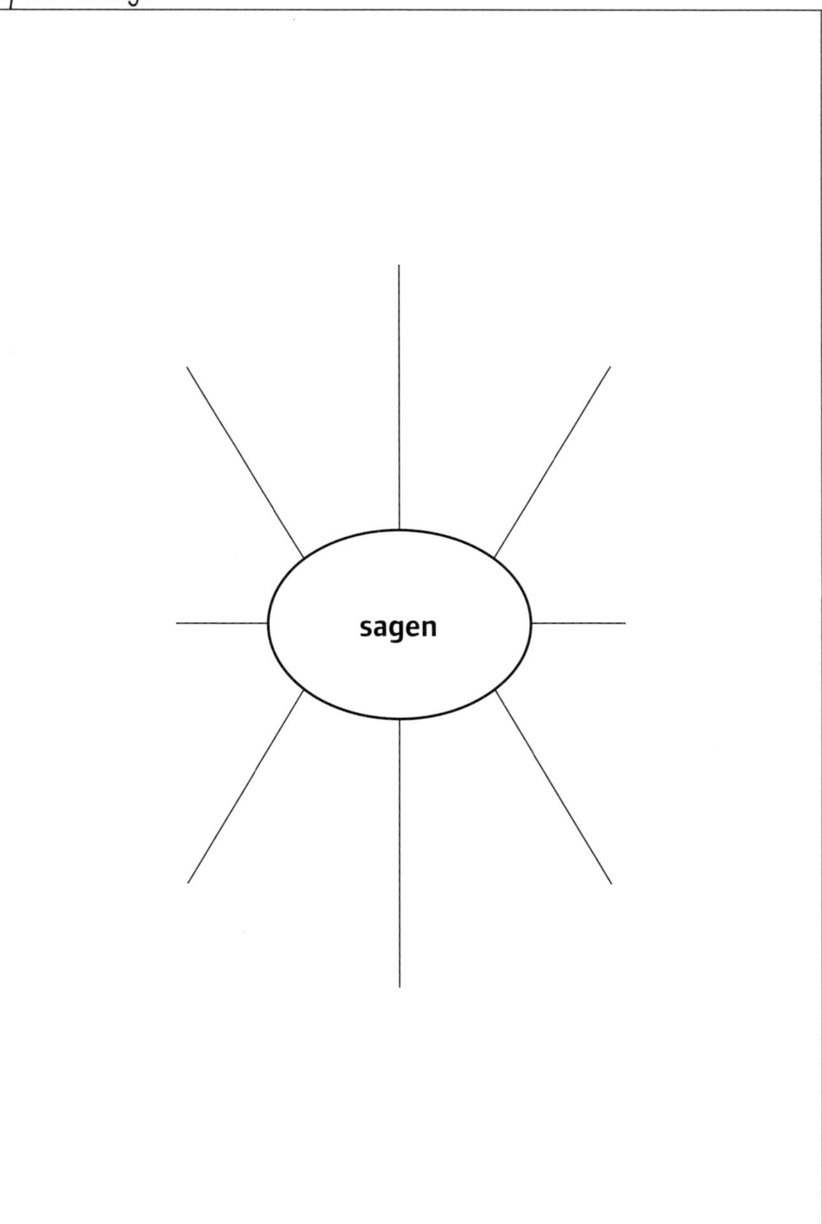
sagen

→ Antonyme finden

Ziele der Methode
- Ausbau und Festigung des Wortschatzes
- aktive Aneignung

Einsatzmöglichkeiten
geeignet für den Erwerb von Ausdrücken, zu denen es gegenteilige Ausdrücke gibt, insbesondere Adjektive, Verben und Nomen

Material
Arbeitsblatt, alternativ Kärtchen und Magnete

Vorbereitung
Die Lehrkraft sucht ein Arbeitsblatt aus einer entsprechenden Unterrichtsmaterialiensammlung heraus oder erstellt selbst eines.

Sozialform
Einzel-, Partner- und Gruppenarbeit

Stufe
Sek. I und II

Beschreibung
Dese Methode zielt darauf ab, den Wortschatz der Lernenden zu erweitern und zu festigen. Sie erhalten ein Arbeitsblatt mit dem Auftrag, in Einzel-, Partner- oder Gruppenarbeit gegenteilige Ausdrücke zu den vorgegebenen Ausdrücken zu suchen. Nachdem die Lernenden die Aufgabe erledigt haben, werden die Ergebnisse im Klassenverband abgerufen.

Tipps

- Leistungsschwächere Lernende können als Unterstützung einen Hilfekasten erhalten, in dem die gesuchten gegenteiligen Ausdrücke durcheinander notiert sind, sodass sie die Ausdrücke nur zuordnen müssen.
- Genauso können aber auch Partner- oder Gruppenarbeit als Unterstützung für leistungsschwächere Lernende eingesetzt werden, indem leistungsheterogene Paare oder Gruppen gebildet werden, sodass leistungsschwächere Lernende von leistungsstärkeren profitieren können.
- Statt auf einem Arbeitsblatt kann die Lehrkraft den Lernenden die Wörter auch auf Kärtchen anbieten, die sie mit Magneten an der Tafel befestigt. Diese Vorgehensweise eignet sich insbesondere dann, wenn die Lehrkraft die gegenteiligen Ausdrücke zur Unterstützung vorgibt. Eine solche Zuordnungsübung wirkt besonders auf jüngere Lernende der Sekundarstufe I motivierend.

Kopiervorlage

Adjektive

Aufgabe:
Wie lautet das gegenteilige Wort? Notiere es bei den vorgegebenen Adjektiven.
Beispiel: groß – klein
Tipp: Wenn du keine Idee hast, kannst du den Hilfekasten benutzen, aus dem du die passenden Adjektive zuordnen kannst.

a) laut - ____________________ g) hässlich - ____________________

b) fröhlich - ____________________ h) heiß - ____________________

c) dunkel - ____________________ i) früh - ____________________

d) riesig - ____________________ j) billig - ____________________

e) frech - ____________________ k) sonnig - ____________________

f) weit - ____________________ l) kurz - ____________________

teuer – schön – winzig – leise – nah – eiskalt – traurig – lang – hell – wolkig – lieb – spät

→ Sprachbausteine sortieren

Ziele der Methode
- Kennenlernen oder Aktivieren von Redemitteln
- aktive Aneignung

Einsatzmöglichkeiten
- zur Förderung des mündlichen und schriftlichen Ausdrucksvermögens
- für Redemittel, die sich in Kategorien einteilen lassen

Material
Arbeitsblatt oder Tafel, Kreide, Magnete und Kärtchen

Vorbereitung
Die Lehrkraft sucht ein Arbeitsblatt aus einer Unterrichtsmaterialiensammlung heraus oder stellt Redemittel zusammen und bietet sie in einem Kasten mit einem entsprechenden Kategorisierungsraster ungeordnet dar.

Sozialform
Einzel-, Partner- und Gruppenarbeit

Stufe
Sek. I und II

Beschreibung
Mithilfe dieser Methode können sich die Lernenden Redemittel für den mündlichen oder schriftlichen Ausdruck erschließen. Dazu erhalten sie ein Arbeitsblatt, auf dem die Redemittel unsortiert dargeboten werden, mit dem Auftrag, diese nach vorgegebenen Kriterien zu sortieren. Auf diese Weise können sich die Lernenden zum Beispiel Redemittel zum Ausdruck der wertenden Meinungsäußerung aktiv aneignen. Nachdem sie die Aufgabe in Einzel-, Partner- oder Gruppenarbeit erledigt haben, werden die Ergebnisse im Klassenverband ausgewertet. Statt auf einem Arbeitsblatt können die Redemittel auch auf Kärtchen, die mit Magneten an die Tafel geheftet werden, präsentiert werden. Die Lernenden müssen sie dann in eine an die Tafel gezeichnete Tabelle einordnen. Ein solches Vorgehen wirkt besonders auf jüngere Lernende der Sekundarstufe I motivierend.

Tipps

- Bei leistungsschwächeren Lernenden empfiehlt es sich, die Bedeutung der Redemittel vor der Sortieraufgabe zu besprechen.
- Bei Bedarf kann man leistungsschwächeren Lernenden zur Differenzierung auch jeweils eine Redewendung pro Kategorie als Orientierungsbeispiel vorgeben.
- Sofern die Lehrkraft die Redemittel auf Kärtchen präsentiert, sollte sie auf eine ausreichende Schriftgröße achten, damit die Kärtchen auch lesbar sind.

Variante

- Sprachschatztruhe: Diese Methode ist zeitsparender.

Kopiervorlage

Stellung zur Meinung einer anderen Person nehmen

Aufgabe:
Welcher Sprachbaustein sagt was aus? Ordne die Sprachbausteine aus dem Kasten in die richtige Spalte ein.

Im Gegensatz zu xy denke ich – Ich kann xy nur teilweise zustimmen –
Ich bin derselben Meinung wie xy – Anders als xy meine ich –
Wie xy bin ich der Meinung –
Xys Meinung kann ich nur zum Teil zustimmen –
Hierin stimme ich xy vollständig zu –
Im Gegensatz zu xy bin ich der Auffassung – Wie xy denke ich

Der Meinung einer anderen Person zustimmen

____

____

____

Der Meinung einer anderen Person teilweise zustimmen

____

____

____

Die Meinung einer anderen Person ablehnen

____

____

____

Birgit Lascho · Das schnelle Methoden 1x1 DaZ.

→ Konjunktionen Funktionen zuordnen

Ziele der Methode

- Kennenlernen von Konjunktionen mit verschiedenem Sinn, um logische Zusammenhänge beim schriftlichen und mündlichen Ausdruck herzustellen
- Ausbau und Festigung des Wortschatzes
- aktive Aneignung

Einsatzmöglichkeiten

als Vorbereitung auf das Verfassen von Texten oder von mündlichen Redebeiträgen, wenn es darum geht, logische Sinnzusammenhänge aufzuzeigen

Material

Arbeitsblatt

Vorbereitung

Die Lehrkraft sucht ein Arbeitsblatt aus einer entsprechenden Unterrichtsmaterialiensammlung heraus oder erstellt selbst eines.

Sozialform

Einzel-, Partner- und Gruppenarbeit

Stufe

Sek. I und II

Beschreibung

Diese Methode zielt darauf ab, den Lernenden Konjunktionen zum Ausdruck verschiedener Sinnzusammenhänge zu vermitteln. Sie erhalten dazu von der Lehrkraft ein Arbeitsblatt, auf dem sie verschiedene vorgegebene Konjunktionen, die je nach Sinn in verschiedenförmigen Puzzleteilen notiert oder mit einem bestimmten Piktogramm versehen sind, in eine nach Funktion gegliederte Übersichtstabelle einordnen müssen. Als Starthilfe ist zudem für jede Konjunktionsart schon ein Beispielwort notiert, das den Lernenden die Bedeutung verdeutlicht und ihnen durch die Form des Puzzleteils oder das Piktogramm zeigt, welche weiteren Konjunktionen in die entsprechende Spalte gehören. Denn Lernende mit DaZ haben am Anfang oft große Schwierigkeiten, Konjunktionen logisch zuzuordnen. Auf diese Weise können sie sich logische Konjunktionen aktiv aneignen, da sie im Gegensatz zur bloßen Lektüre einer Übersichtstabelle die Konjunktionen mithilfe der visuellen Unterstützung zuordnen müssen.

Das Zuordnen kann in Einzel-, Partner- oder Gruppenarbeit erfolgen. Danach werden die Ergebnisse im Klassenverband abgerufen.

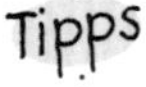

- Bei sehr leistungsstarken Lernenden kann die Lehrkraft zur Differenzierung die Konjunktionen auch ohne visuelle Hilfsmittel darbieten.
- Alternativ kann man die Konjunktionen je nach Funktion auch in unterschiedlichen Farben präsentieren.

Kopiervorlage

Konjunktionen zur Verknüpfung von Sätzen

Aufgabe: Konjunktionen sind Bindewörter, um Sätze logisch zu verknüpfen. Dabei wird je nach Funktion zwischen verschiedenen Arten von Konjunktionen unterschieden. Lies dir die in der Tabelle notierten Konjunktionsarten mit den dazugehörigen Funktionen durch. Ordne dann die Konjunktionen aus dem Kasten mithilfe der Piktogramme der richtigen Konjunktionsart zu.

Art	Funktion	Konjunktionen
temporal	Beschreibt ein Zeitverhältnis. *Als wir losgingen, schneite es.*	als,
kausal	Beschreibt den Grund. *Er öffnet das Fenster, weil es warm ist.*	weil,
final	Beschreibt das Ziel oder den Zweck. *Sie öffnet die Tür, damit er hereinkommen kann.*	damit,
konsekutiv	Beschreibt die Folge. *Sie schließt die Tür, sodass es nicht zieht.*	sodass,
konzessiv	Beschreibt eine Einräumung. *Sie gehen heraus, obwohl es regnet.*	obwohl,
konditional	Beschreibt die Bedingung. *Wir freuen uns, wenn ihr kommt.*	wenn,
modal	Beschreibt die Art und Weise oder die Begleitumstände. *Du schaltest das Licht an, indem du den Knopf drückst.*	indem,

da — um … zu — obgleich — nachdem — womit
während — wenngleich — denn — obschon — wobei
bevor — trotzdem — deshalb — folglich — bis — falls
ohne dass — ehe — wenn auch — solange — sofern
inzwischen — daher — sofern — sobald — daher
worauf — dadurch, dass … — deswegen — also

Birgit Lascho · Das schnelle Methoden 1x1 DaZ. Illustratorin: Dorina Tessmann

→ Wortformen unterstreichen

Ziele der Methode

- induktive Erarbeitung von Wortformen
- aktive Aneignung von Wortformen

Einsatzmöglichkeiten

zur Erarbeitung von Deklinationsformen in verschieden Fällen, Konjugationsformen von Verben oder unregelmäßiger Verbformen in einer bestimmten Zeitform

Material

Arbeitsblatt mit entsprechendem Text oder bei der Deklination von Nomen mit den sie begleitenden Wörtern alternativ eine entsprechende Übersicht mit einer Beispielwortgruppe, in der ein oder mehrere Begleitwörter in den einzelnen Fällen zu unterstreichen sind

Vorbereitung

Die Lehrkraft wählt einen passenden Text aus oder verfasst ihn selbst und erstellt damit ein entsprechendes Arbeitsblatt.

Sozialform

Einzel-, Partner- und Gruppenarbeit

Stufe

Sek. I und II

Beschreibung

Mit dieser Methode können sich die Lernenden einzuübende Wortformen induktiv erarbeiten. Sie erhalten den Auftrag, die gesuchten Wortformen in einem Text oder in einer Wortgruppenübersicht aufzuspüren, zu unterstreichen und anschließend in eine vorgegebene Tabelle einzutragen. Auf diese Weise eignen sich die Lernenden die Wortformen aktiv an, wodurch sie sich die Formen besser einprägen. Das Finden der gesuchten Wortformen kann dabei in Einzel-, Partner- oder Gruppenarbeit geschehen. Nachdem die Lernenden die verlangten Formen gefunden und in einer vorgegebenen Tabelle notiert haben, werden die Ergebnisse im Klassenverband besprochen.

Tipps

- Bevor die Lernenden mit der Aufgabe beginnen, sollte die Lehrkraft mit ihnen unbedingt die Aufgabenstellung besprechen und ggf. die erste zu unterstreichende Form mit der Lerngruppe gemeinsam suchen, damit die Lernenden ein Orientierungsbeispiel haben, was sie genau unterstreichen sollen.
- Leistungsschwächere Lernende kann die Lehrkraft durch den Einsatz von Partner- oder Gruppenarbeit unterstützen, indem sie leistungsheterogene Paare oder Gruppen bilden lässt, sodass die leistungsschwächeren Lernenden von leistungsstärkeren unterstützt werden.
- Leistungsstärkere Lernende kann die Lehrkraft hingegen fordern, indem diese das Unterstreichen der Formen nur als Ergebniskontrolle verwenden und die Formen zunächst frei ergänzen.

Varianten

- Formen als Buchstaben- oder Silbensalat darbieten
- Formen in spiegelverkehrter Buchstabenreihenfolge entziffern
- Bei Formen mit nicht zu großer Formenvielfalt: Formen nach vorgegebener Regel bilden

Kopiervorlage

Wie lauten die gesuchten Formen für das Possessivpronomen *mein, meine, mein*?

Aufgabe: Lies den Text und unterstreiche alle Deklinationsformen für das Possessivpronomen *mein, meine, mein*. Trage die Formen anschließend in die richtige Spalte der Deklinationsübersicht ein.

Meine Haustiere

Mein Hund, meine Katze und mein Kaninchen toben im Garten herum. Das Fell meines Hundes, meiner Katze und meines Kaninchens glänzt in der Sonne. Bei so herrlichem Wetter gefällt es meinem Hund, meiner Katze und meinem Kaninchen, im Garten zu spielen, und ich liebe es, meinen Hund, meine Katze und mein Kaninchen dabei zu beobachten. Denn meine Tiere sorgen immer für Unterhaltung und ich sehe dem Treiben meiner Tiere gerne zu. Dass ich sie dabei beobachte, macht meinen Tieren nichts aus, es scheint meine Tiere eher zu freuen, da sie zu mir kommen und gestreichelt werden wollen.

Einzahl

Kasus	**männlich**	**weiblich**	**sächlich**
Nominativ *Wer oder was?*	_______ Hund	_______ Katze	_______ Kaninchen
Genitiv *Wessen?*	_______ Hundes	_______ Katze	_______ Kaninchens
Dativ *Wem?*	_______ Hund	_______ Katze	_______ Kaninchen
Akkusativ *Wen oder was?*	_______ Hund	_______ Katze	_______ Kaninchen

Mehrzahl

Kasus	**männlich, weiblich, sächlich**
Nominativ *Wer oder was?*	_______________ Tiere/Hunde/Katzen/Kaninchen
Genitiv *Wessen?*	_______________ Tiere/Hunde/Katzen/Kaninchen
Dativ *Wem?*	_______________ Tieren/Hunden/Katzen/Kaninchen
Akkusativ *Wen oder was?*	_______________ Tiere/Hunde/Katzen/Kaninchen

Birgit Lascho · Das schnelle Methoden 1x1 DaZ

→ Wortformen zuordnen

Ziele der Methode
- Einübung von Wortformen
- Festigung von Wortformen

Einsatzmöglichkeiten
bei der Einübung von Wortformen, insbesondere Deklinationsformen, Konjugationsformen und vor allem unregelmäßigen Verbformen

Material
Arbeitsblatt

Vorbereitung
Die Lehrkraft sucht aus einer Unterrichtsmaterialiensammlung ein entsprechendes Arbeitsblatt mit einer Zuordnungsübung heraus oder erstellt selbst eines.

Sozialform
Einzel-, Partner- und Gruppenarbeit

Stufe
Sek. I und II

Beschreibung
Diese Methode dient dem Ziel, Wortformen einzuüben oder zu festigen. Dazu müssen die Lernenden die vorgegebenen Formen aus einem Kasten heraussuchen und aufschreiben oder die passenden Formen aus einer Reihe von untereinander notierten Formen heraussuchen und ihre Zuordnung durch Verbindungslinien verdeutlichen. Die Zuordnungsaufgabe kann in Einzel-, Partner- oder Gruppenarbeit erledigt werden. Danach werden die Ergebnisse im Klassenverband abgerufen.

Tipps
- Bei unregelmäßigen Verbformen sollte die Lehrkraft darauf achten, dass sie das Vorkommen von ähnlichen Formen innerhalb einer Übung vermeidet, wie z. B. „bot“ von „bieten“ und „bat“ von „bitten“, damit es bei den Lernenden nicht zu Verwechselungen kommt und sie sich die Formen nicht falsch einprägen.
- Leistungsschwächeren Lernenden kann die Lehrkraft im Falle der unregelmäßigen Verbformen den Tipp geben, auf einen identischen Anfangsbuchstaben zu achten.
- Zudem kann die Lehrkraft leistungsschwächere Lernende durch den Einsatz von Partner- oder Gruppenarbeit fördern, indem sie leistungsheterogene Paare oder Gruppen bilden lässt, sodass leistungsschwächere Lernende von leistungsstärkeren profitieren können.
- Leistungsstärkeren Lernenden kann die Lehrkraft hingegen als Differenzierungsmaßnahme auftragen, den Kasten abzudecken und die Formen zunächst so zu finden, ehe sie den Kasten als Lösungskontrolle verwenden.

Varianten
- Formen in spiegelverkehrter Schreibung darbieten
- Formen als Buchstaben- oder Silbensalat darbieten

Kopiervorlage

Unregelmäßige Verbformen

Aufgabe:
Wie lauten die unregelmäßigen Präteritumsformen zu den Infinitiven?
Finde die richtige Form aus dem Kasten und schreibe sie auf.

wusste – schrie – sprang – kam – fiel – schlief – trank – ging – rief – sah – flog – fing

a) kommen: er/sie/es ___________	g) sehen: er/sie/es ___________
b) gehen: er/sie/es ___________	h) rufen: er/sie/es ___________
c) schlafen: er/sie/es ___________	i) schreien: er/sie/es ___________
d) fangen: er/sie/es ___________	j) trinken: er/sie/es ___________
e) wissen: er/sie/es ___________	k) fallen: er/sie/es ___________
f) springen: er/sie/es ___________	l) fliegen: er/sie/es ___________

→ Formen nach vorgegebener Regel bilden

Ziel der Methode

- Bewusstmachung und aktive Aneignung der grammatischen Wortformen

Einsatzmöglichkeiten

zur Einübung und Festigung der Konjugationsformen von Verben oder der Deklinationsformen bei anderen Wortarten, bei denen die Formenvielfalt überschaubar ist

Material

Arbeitsblatt mit Regel und den zu bildenden Formen

Vorbereitung

Die Lehrkraft sucht ein entsprechendes Arbeitsblatt aus einer Unterrichtsmaterialiensammlung heraus oder erstellt selbst eines und kopiert es.

Sozialform(en)

Einzel-, Partner- und Gruppenarbeit

Stufe

Sek. I und II

Beschreibung

Mithilfe dieser Methode sollen sich die Lernenden grammatische Wortformen aktiv aneignen. Dazu erhalten sie von der Lehrkraft ein Arbeitsblatt mit einer Regel zur Formenbildung und bis auf die Endung vorgegebene Wortformen, bei denen sie die fehlenden Endungen entsprechend der Regel ergänzen sollen. Die Erledigung des Arbeitsauftrages kann in Einzel-, Partner- oder Gruppenarbeit erfolgen. Anschließend werden die Ergebnisse im Klassenverband besprochen. Zur Festigung sollten dann auf jeden Fall weitere Anwendungsaufgaben folgen, bei denen die Lernenden die Formen in einem grammatischen Kontext wie Wortgruppen oder Sätzen aufschreiben müssen.

Tipps

- Die Methode ist nur zur Erarbeitung und Einübung von grammatischen Formen geeignet, bei denen es nicht so viele verschiedene Formen gibt. Ansonsten können die Lernenden, insbesondere in den jüngeren Jahrgangsstufen der Sekundarstufe I schnell überfordert sein.
- Bei leistungsschwächeren Lerngruppen sollte die Lehrkraft vorher mit den Lernenden die Regel besprechen und eventuell auch eine Beispielform bilden, damit die Lernenden die Aufgabe dann eigenständig bewältigen können.
- Beim Einsatz von Partner- oder Gruppenarbeit können leistungsschwächere Lernende durch die Bildung leistungsheterogener Teams oder Gruppen gut integriert werden, da sie so von den leistungsstärkeren Lernenden profitieren können.
- Leistungsstärkere Lernende können als Binnendifferenzierung den Kasten mit der Regel zunächst abdecken und die Endungen ergänzen, ehe sie ihre Ergebnisse mithilfe der Regel im Kasten kontrollieren.

Variante

- Bei leistungsschwächeren Lernenden empfiehlt es sich alternativ, die Formen als Silben- oder Buchstabensalat oder in spiegelverkehrter Schreibung vorzugeben.

Kopiervorlage

Adjektive mit dem bestimmten Artikel und Nomen richtig deklinieren

Merke
Tritt ein Adjektiv zusammen mit dem bestimmten Artikel (der, die, das) und einem Nomen auf, dann wird beim männlichen, weiblichen und sächlichen Nominativ Singular (Einzahl) sowie beim weiblichen und sächlichen Akkusativ Singular ein „e" an den Wortstamm angehängt. Bei den übrigen Formen muss einfach „en" an den Wortstamm angehängt werden.

Aufgabe:
Lies dir die obige Regel durch und ergänze mit ihrer Hilfe die fehlenden Endungen an den Wortstämmen der Adjektive.

Singular

	männlich	**weiblich**	**sächlich**
Nominativ *Wer oder was?*	der klug_____ Mann	die klug_____ Frau	das klug_____ Kind
Genitiv *Wessen?*	des klug_____ Mannes	der klug_____ Frau	des klug_____ Kindes
Dativ *Wem?*	dem klug_____ Mann	der klug_____ Frau	dem klug_____ Kind
Akkusativ *Wen oder was?*	den klug_____ Mann	die klug_____ Frau	das klug_____ Kind

Plural

	männlich	**weiblich**	**sächlich**
Nominativ *Wer oder was?*	die klug_____ Männer	die klug_____ Frauen	die klug_____ Kinder
Genitiv *Wessen?*	der klug_____ Männer	der klug_____ Frauen	der klug_____ Kinder
Dativ *Wem?*	den klug_____ Männern	den klug_____ Frauen	den klug_____ Kindern
Akkusativ *Wen oder was?*	die klug_____ Männer	die klug_____ Frauen	die klug_____ Kinder

→ Buchstaben- oder Silbensalat von Wortformen entschlüsseln

Ziele der Methode

- Erschließung und Festigung von Wortformen
- Wiederholung von Wortformen
- aktive Aneignung von Wortformen

Einsatzmöglichkeiten

zur Erschließung, Einübung und Festigung von Konjugationsformen von Verben oder von Deklinationsformen bei anderen Wortarten

Material

Arbeitsblatt

Vorbereitung

Die Lehrkraft sucht aus einer Unterrichtsmaterialiensammlung ein entsprechendes Arbeitsblatt mit den gewünschten Formen heraus oder erstellt selbst eines und kopiert es.

Sozialform(en)

Einzel-, Partner- und Gruppenarbeit

Stufe

Sek. I und II

Beschreibung

Bei dieser Methode, die zur Erschließung, Einübung und Wiederholung von Wortformen von Verben oder anderen Wortarten dient, die Lernenden mit DaZ Schwierigkeiten bereiten, erschließen sich die Lernenden die Wortformen, die als Buchstaben- oder Silbensalat dargeboten werden. Der rätselartige Charakter dieser Methode motiviert die Lernenden besonders zur Arbeit. Je nach Länge der Wörter oder auch nach Leistungsvermögen der Lernenden werden die Formen als Buchstabensalat oder Silbensalat dargeboten. Für längere Wortformen, wie zum Beispiel Partizipformen von unregelmäßigen Verben, ist ein Silbensalat geeigneter, während für kürzere Wortarten, wie zum Beispiel Pronomen, oft ein Buchstabensalat angemessener ist, damit die Aufgabe nicht zu einfach ist. Für leistungsschwächere Lernende ist häufig ein Silbensalat einfacher, besonders wenn die Wörter länger sind, während leistungsstärkere Lernende auch bei längeren Wörtern durch einen Buchstabensalat herausgefordert werden können. Wichtig bei einem Buchstabensalat ist, dass die Lernenden die Lösung noch eigenständig erkennen können müssen. Nachdem sich die Lernenden die Formen in Einzel-, Partner- oder Gruppenarbeit erschlossen haben, werden die Ergebnisse im Klassenverband abgerufen.

Tipps

- Bei Buchstabensalaten kann man leistungsschwächeren Lernenden als Starthilfe die Anfangsbuchstaben durch Unterstreichen o. Ä. vorgeben.
- Beim Einsatz von Partner- oder Gruppenarbeit können leistungsschwächere Lernende durch die Bildung leistungsheterogener Teams oder Gruppen gut integriert werden, da sie so von den leistungsstärkeren Lernenden profitieren können.
- Als Binnendifferenzierung können leistungsstärkere Lernende die gesuchten Wörter zunächst ohne die vorgegebenen Formen ergänzen, ehe sie zur Ergebniskontrolle die vorgegebenen Formen entschlüsseln.

Varianten

- Formen in spiegelverkehrter Schreibung darbieten, was einfacher ist
- Formen unterstreichen, was noch leichter ist
- bei Formen mit nicht zu großer Formenvielfalt: Formen nach vorgegebener Regel bilden, was schwieriger ist

Kopiervorlage

Wie lauten die deklinierten Formen des Possessivpronomens *mein*?

Aufgaben:

1. Welche Formen des Possessivpronomens *mein* verbergen sich in den Buchstabensalaten? Finde es heraus und schreibe die Formen auf.
2. Was fällt dir beim Vergleich der Pluralformen aller drei Geschlechter auf?

Männlich	**Singular**	**Plural**
Nominativ *Wer oder was?*	(e m i n) ________ Mann	(m e n e i) ________ Männer
Genitiv *Wessen?*	(s e n e i m) ________ Mannes	(e r i n e m) ________ Männer
Dativ *Wem?*	(m e m e i n) ________ Mann	(n e i m e n) ________ Männern
Akkusativ *Wen oder was?*	(n e i m e n) ________ Mann	(n e m e i) ________ Männer

Weiblich	**Singular**	**Plural**
Nominativ *Wer oder was?*	(e i m e n) ________ Frau	(n e i m e) ________ Frauen
Genitiv *Wessen?*	(m e n e i r) ________ Frau	(e i m e n r) ________ Frauen
Dativ *Wem?*	(m e n e r i) ________ Frau	(n e i n e m) ________ Frauen
Akkusativ *Wen oder was?*	(n e m e i) ________ Frau	(n e i m e) ________ Frauen

Sächlich	**Singular**	**Plural**
Nominativ *Wer oder was?*	(n e m i) ________ Kind	(e i m e n) ________ Kinder
Genitiv *Wessen?*	(m e n e s i) ________ Kindes	(m e n i r e) ________ Kinder
Dativ *Wem?*	(m e n e i m) ________ Kind	(e n i m e n) ________ Kindern
Akkusativ *Wen oder was?*	(n e i m) ________ Kind	(m e n e i) ________ Kinder

Birgit Lascho · Das schnelle Methoden 1x1 DaZ.

→ Spiegelverkehrte Schreibung von Wortformen entziffern

Ziele der Methode
- Erschließung und Festigung von Wortformen
- aktive Aneignung von Wortformen

Einsatzmöglichkeiten
zur Erschließung und Einübung von Konjugationsformen von Verben oder von Deklinationsformen bei anderen Wortarten

Material
Arbeitsblatt

Vorbereitung
Die Lehrkraft sucht ein Arbeitsblatt aus einer entsprechenden Unterrichtsmaterialiensammlung heraus oder erstellt selbst eines und kopiert es.

Sozialform
Einzel-, Partner- und Gruppenarbeit

Stufe
Sek. I und II

Beschreibung
Bei dieser Methode, die vor allem zur Erschließung, aber auch zur Einübung von Wortformen dient, bekommen die Lernenden die Formen in spiegelverkehrter Schreibung oder spiegelverkehrter Buchstabenreihenfolge dargeboten und müssen die Formen richtig herum aufschreiben. Dadurch kommt es zu einer aktiven Aneignung der Formen, wobei der Rätselcharakter dieser Methode insbesondere jüngere Lernende der Sekundarstufe I besonders motiviert. Für leistungsstärkere Lernende eignet sich dabei eher die Darbietung in komplett spiegelverkehrter Schreibung, während für leistungsschwächere und auch jüngere Lernende die Präsentation der Formen in spiegelverkehrter Buchstabenreihenfolge geeigneter ist, insbesondere, wenn die Lernenden die Formen noch nicht alle kennen. Denn Formen in komplett spiegelverkehrter Reihenfolge sind für sprachunkundige Lernende schwieriger zu entziffern.
Nachdem sich die Lernenden die Formen in Einzel-, Partner- oder Gruppenarbeit erschlossen haben, werden die Ergebnisse im Klassenverband besprochen, ehe weitere Anwendungsaufgaben folgen.

Tipps

- Die so verrätselten Formen sollten nicht zu lang sein, damit die Lernenden sie auch entschlüsseln können.
- Bei in der Rechtschreibung unsicheren Lernenden sollten anstelle von Formen in spiegelverkehrter Reihenfolge Formen in spiegelverkehrter Buchstabenreihenfolge gewählt werden.
- Bei leistungsstärkeren Lernenden kann die Ergebniskontrolle auch eigenständig mithilfe eines Lösungsblattes erfolgen.

Varianten

- Formen als Buchstaben- oder Silbensalat darbieten, was etwas schwerer ist
- Formen unterstreichen, was am leichtesten ist
- bei Formen mit nicht zu großer Formenvielfalt: Formen nach vorgegebener Regel bilden, was schwieriger ist

Kopiervorlage

Wie lauten die Formen des Demonstrativpronomens *dieser, diese, dieses*?

Aufgaben:

1. Schreibe die Formen des Demonstrativpronomens *dieser, diese, dieses* richtig auf.
2. Was fällt dir beim Vergleich der Pluralformen aller drei Geschlechter auf?

Kopiervorlage

Männlich

	Singular	**Plural**
Nominativ *Wer oder was?*	(reseid) ________ Mann	(eseid) ________ Männer
Genitiv *Wessen?*	(seseid) ________ Mannes	(reseid) ________ Männer
Dativ *Wem?*	(meseid) ________ Mann	(neseid) ________ Männern
Akkusativ *Wen oder was?*	(neseid) ________ Mann	(eseid) ________ Männer

Weiblich

	Singular	**Plural**
Nominativ *Wer oder was?*	(eseid) ________ Frau	(eseid) ________ Frauen
Genitiv *Wessen?*	(reseid) ________ Frau	(reseid) ________ Frauen
Dativ *Wem?*	(reseid) ________ Frau	(neseid) ________ Frauen
Akkusativ *Wen oder was?*	(eseid) ________ Frau	(eseid) ________ Frauen

Sächlich

	Singular	**Plural**
Nominativ *Wer oder was?*	(seseid) ________ Kind	(eseid) ________ Kinder
Genitiv *Wessen?*	(seseid) ________ Kindes	(reseid) ________ Kinder
Dativ *Wem?*	(meseid) ________ Kind	(neseid) ________ Kindern
Akkusativ *Wen oder was?*	(seseid) ________ Kind	(eseid) ________ Kinder

→ Deklinationen auf andere Beispiele übertragen

Ziel der Methode

- Einübung und Festigung von Deklinationsformen

Einsatzmöglichkeiten

bei Wörtern mit unterschiedlichen Deklinationsformen, die eingeübt werden sollen, wie zum Beispiel Nomen, Artikel, Demonstrativpronomen oder Adjektive

Material

entsprechende Aufgaben, die z. B. auf einem Arbeitsblatt, der Tafel oder einer Overheadfolie dargeboten oder mündlich gestellt werden

Vorbereitung

Die Lehrkraft sucht ein Arbeitsblatt aus einer entsprechenden Unterrichtsmaterialiensammlung heraus oder erstellt selbst eines.

Sozialform(en)

Einzel-, Partner- und Gruppenarbeit

Stufe

Sek. I und II

Beschreibung

Diese Methode dient zur Einübung oder Festigung von Deklinationsformen, die Lernenden mit DaZ oft Schwierigkeiten bereiten. Dazu wenden sie ihr bereits erworbenes Wissen zur Deklination bestimmter Wortarten an, indem sie zuvor erarbeitete Deklinationsformen auf andere Beispiele übertragen. Sie erhalten dabei von der Lehrkraft den Auftrag, die Deklinationsformen von einem Beispielwort auf ein oder mehrere andere Bespielwörter dieser Wortart zu übertragen und die entsprechenden Formen entweder aufzuschreiben oder spontan mündlich zu benennen. Dabei können die Lernenden die Deklinationsformen einzeln, in Partnerarbeit oder in Gruppenarbeit bilden. Haben sie die Formen schriftlich gebildet, so werden die Ergebnisse anschließend im Klassenverband abgerufen. Sollen die Lernenden dagegen die Formen mündlich benennen, so werden die Ergebnisse sofort bestätigt oder korrigiert.

Tipps

- Die Deklinationsformen sollten in der durch die Grammatik vorgegebenen Reihenfolge eingeübt werden, damit die Lernenden sich die Formen besser merken können und nicht durcheinanderkommen.
- Wortformen von Wörtern, die Nomen begleiten, wie Adjektive, Pronomen oder Artikel, sollten stets im Zusammenhang mit einem entsprechenden Beispielnomen eingeübt werden.
- Leistungsschwächere Lernende können beim Einüben im Falle der Bildung von leistungsheterogenen Paaren oder Gruppen durch leistungsstärkere unterstützt werden.
- Bei sehr leistungsschwachen Lernenden kann die Lehrkraft die Deklinationsformen des Nomens vorgeben.
- Soll das Einüben mündlich geschehen, so kann die Lehrkraft Gruppen bilden, die gegeneinander spielen und sich auch gegenseitig kontrollieren und korrigieren. Dieses Vorgehen mit Wettbewerbscharakter wirkt insbesondere auf Lernende der Sekundarstufe I motivierend.

Kopiervorlage

Das Demonstrativpronomen *dieser, diese, dieses* deklinieren üben

Einzahl

Kasus	**männlich**	**weiblich**	**sächlich**
Nominativ	dieser Mann	diese Frau	dieses Kind
Genitiv	dieses Mannes	dieser Frau	dieses Kindes
Dativ	diesem Mann	dieser Frau	diesem Kind
Akkusativ	diesen Mann	diese Frau	dieses Kind

Mehrzahl

Kasus	**männlich**	**weiblich**	**sächlich**
Nominativ	diese Männer	diese Frauen	diese Kinder
Genitiv	dieser Männer	dieser Frauen	dieser Kinder
Dativ	diesen Männern	diesen Frauen	diesen Kindern
Akkusativ	diese Männer	diese Frauen	diese Kinder

Aufgabe:
Schreibe entsprechend dem obigen Deklinationsbeispiel folgende Wortgruppen in der Einzahl und Mehrzahl auf.

a) dieser Herr b) diese Dame c) dieses Tier
d) dieser Hund e) diese Katze f) dieses Kaninchen

Birgit Lascho · Das schnelle Methoden 1x1 DaZ

→ Stammformenquartett

Ziele der Methode

- Einüben der unregelmäßigen Verbstammformen
- Wiederholen und Festigen der unregelmäßigen Verbstammformen

Einsatzmöglichkeiten

zur Einübung und Festigung der unregelmäßigen Verbstammformen

Material

eine Liste mit den unregelmäßigen Verbstammformen, Pappe oder festeres Tonpapier in heller Farbe, Schere, schwarze Filzstifte, Stifte in Rot oder einer anderen Farbe

Vorbereitung

keine

Sozialform

Gruppenarbeit

Stufe

Sek. I

Beschreibung

Diese Methode dient dazu, die Stammformen der unregelmäßigen Verben zu trainieren, die Lernenden mit DaZ oft Schwierigkeiten bereiten. Die Lernenden stellen zu acht ausgewählten Verbstammformen, die die Lerngruppe einüben soll oder noch nicht sicher beherrscht, Quartettspielkarten her und trainieren die Formen anschließend beim Quartettspiel. Dazu schneiden sie in Dreier- bis Sechsergruppen zunächst jeweils 32 Quartettkarten aus Pappe zu und stellen die einzelnen Kartensets zu den einzelnen Verbstammformen her. Die vier Stammformen des ausgewählten Verbs werden dabei jeweils untereinander auf den vier Quartettkarten notiert, wobei auf jeder der vier Karten eine andere Form durch eine dickere Schrift, durch Unterstreichen oder durch die Verwendung einer anderen Farbe hervorgehoben wird. Durch das selbstständige Herstellen der Karten eignen sich die Lernenden die Formen an und können sie beim anschließenden Quartettspiel festigen. So kommt es zu einer aktiven und spielerischen Aneignung der Formen, die insbesondere auf jüngere Lernende motivierend wirkt.

Möchte die Lehrkraft mehr als acht Verbstammformen trainieren, so kann sie die Stammformen auch entsprechend dem Alphabet portionieren und die einzelnen

Gruppen innerhalb der Lerngruppe Kartenspiele zu verschiedenen Verbstammformen herstellen lassen. Die Gruppen können die Kartenspielsets untereinander austauschen.

Tipps

- Bei der Herstellung der Pappkarten sollte die Lehrkraft die Lernenden anweisen, die Ecken der Karten abzurunden, damit Verletzungen beim Spielen aufgrund spitzer Ecken vermieden werden.
- Damit die Karten nicht so schnell verknicken, kann man sie auch laminieren oder mit selbstklebender Bucheinschlagfolie versehen.
- Vor dem Spiel sollte die Lehrkraft nachfragen, ob den Lernenden die Spielregeln für das Spielen von Quartetten bekannt sind, und diese erklären, falls das nicht der Fall ist.
- Bei der Auswahl der einzuübenden Verben sollte die Lehrkraft unbedingt darauf achten, dass Verben mit ähnlichen Formen, wie zum Beispiel „bitten" und „bieten" mit den ähnlich klingenden Präteritumsformen „bat" und „bot", nicht innerhalb eines Kartenspielsets eingeübt werden, sondern auf mehrere Kartenspielsets verteilt trainiert werden, da Lernende dazu neigen, ähnlich klingende Formen zu verwechseln.

Kopiervorlage

Beispiel für einen Kartensatz für ein unregelmäßiges Verb

Karte 1	Karte 2	Karte 3	Karte 4
fallen	fallen	fallen	fallen
er fällt	**er fällt**	er fällt	er fällt
er fiel	er fiel	**er fiel**	er fiel
er ist gefallen	er ist gefallen	er ist gefallen	**er ist gefallen**

→ Artikel- und Nomendomino

Ziele der Methode
- eigenständige Anwendung der Regel, dass das Grundwort bei zusammengesetzten Nomen den Artikel bestimmt
- spielerisches Üben

Einsatzmöglichkeiten
zur Artikelbestimmung bei zusammengesetzten Nomen

Material
Kopiervorlage für entsprechende Spielkarten, Pappe oder festes Tonpapier, Schere, Klebestoff

Vorbereitung
Die Lehrkraft stellt eine entsprechende Kopiervorlage für Spielkarten und einen Lösungsbogen her.

Sozialform
Partner- und Gruppenarbeit

Stufe
Sek. I

Beschreibung
Diese Methode dient dazu, spielerisch und eigenständig die Regel anzuwenden, dass das Grundwort bei zusammengesetzten Nomen den Artikel bestimmt. Die Lernenden trainieren die Anwendung dieser Regel durch das Spielen eines entsprechenden Dominospiels, bei dem Artikel an zusammengesetzte Nomen angelegt werden müssen. Die eigenständige Ergebniskontrolle wird ihnen dabei durch einen Lösungsbogen ermöglicht, auf dem alle im Spiel vorkommenden zusammengesetzten Nomen mit dem dazugehörigen Artikel notiert sind. Das Spiel kann je nach Kartenanzahl von zwei bis fünf Lernenden gespielt werden. Die Lehrkraft gibt den Lernenden dafür eine Kopiervorlage, auf der entsprechend der Gruppengröße 40 bis 60 zusammengesetzte Nomen notiert sind, die je zu einem Drittel den Artikel „der", „die" und „das" verlangen. Hinter jedem Nomen steht ein Artikel, der nicht passt. Entsprechend der Gesamtzahl der Nomen muss jeweils ein Drittel der Artikel „der", „die" und „das" sein.
Die Nomen und dahinterstehenden Artikel werden dann als Spielkarten dargeboten. Diese vorgefertigten Felder der Kopiervorlage schneiden die Lernenden aus und kleben sie auf entsprechend große Pappstücke. Danach kann das spieleri-

sche Üben beginnen. Besonders für jüngere Lernende der Sekundarstufe I ist es sehr motivierend.

Tipps

- Bei der Herstellung der Pappkarten sollte die Lehrkraft die Lernenden anweisen, die Ecken der Karten abzurunden, damit Verletzungen beim Spielen aufgrund spitzer Ecken vermieden werden.
- Damit die Karten nicht so schnell verknicken, kann die Lehrkraft die Karten auch laminieren oder mit selbstklebender Bucheinschlagfolie versehen.
- Es ist wichtig, bei der Auswahl der zusammengesetzten Nomen darauf zu achten, dass das hintere Grundwort einen anderen Artikel erfordert als das Bestimmungswort vorn, wie zum Beispiel „die Tür" + „der Griff" = „der Türgriff".
- Vor Beginn des Spiels sollte sich die Lehrkraft rückversichern, ob alle Lernenden die Spielregeln für das Dominospiel kennen, und diese gegebenenfalls mit der Lerngruppe klären.
- Zudem sollte die Lehrkraft die Lernenden dazu anhalten, den Lösungsbogen zur Kontrolle auch zu verwenden.
- Besonders leistungsstarke Lernende kann die Lehrkraft zur Differenzierung als „Kontrolleure" in den einzelnen Gruppen einsetzen. Das Lösungsblatt wird dann nach unten umgedreht und darf vom „Kontrolleur" nur im Ausnahmefall benutzt werden.

Kopiervorlage

Beispiele für Dominokarten

Türgriff	das	Stofftier	die	Eisen-bahn	der
Wasser-hahn	die	Spieluhr	das	Klassen-buch	der
Kugel-schreiber	das	Speiseeis	die	Müll-tonne	der
Wäsche-ständer	die	Plastik-blume	das	Rathaus	der